FACULTÉ DE DROIT DE PARIS

LE
DROIT DE RÉPONSE

THÈSE POUR LE DOCTORAT

Soutenue le 6 novembre 1900, à 8 heures,

PAR

Daniel MAZE

ATTACHÉ A LA BIBLIOTHÈQUE DE L'ARSENAL

Président : M. WEISS, *professeur.*

Suffragants : { M. CHAVEGRIN, *professeur.*
{ M. GARÇON, *professeur.*

PARIS

A. PEDONE, Editeur

LIBRAIRE DE LA COUR D'APPEL ET DE L'ORDRE DES AVOCATS

13, RUE SOUFFLOT, 13

—

1900

THÈSE

POUR

LE DOCTORAT

FACULTÉ DE DROIT DE PARIS

LE
DROIT DE RÉPONSE

THÈSE POUR LE DOCTORAT

Soutenue le 6 novembre 1900, à 8 heures,

PAR

Daniel MAZE

ATTACHÉ A LA BIBLIOTHÈQUE DE L'ARSENAL

Président : M. WEISS, *professeur.*
Suffragants : M. CHAVEGRIN, *professeur.*
M. GARÇON, *professeur.*

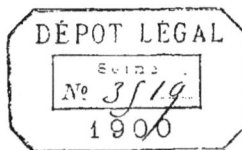

PARIS

A. PEDONE, Editeur

LIBRAIRE DE LA COUR D'APPEL ET DE L'ORDRE DES AVOCATS

13, Rue Soufflòt, 13

1900

LE DROIT DE RÉPONSE

CHAPITRE PREMIER

Fondement et nature du droit de réponse. — Comment il s'est introduit dans notre législation. — Examen historique et analytique de l'évolution de ce droit dans la législation française. — Complément de la législation dans la réglementation détaillée de ce droit par la jurisprudence.

Le droit de réponse, c'est le droit qui appartient à toute personne nommée ou simplement désignée dans un journal ou écrit périodique, de faire insérer, dans la publication même où elle a été nommée ou désignée, à la même place et en mêmes caractères, une réponse à l'article où elle l'a été.

Ainsi défini, ce droit apparaît immédiatement comme l'une des formes les plus nécessaires du droit de défense ; il se révèle comme ayant dû forcément procéder du droit naturel, longtemps avant d'avoir été consacré par une disposition de droit écrit.

Introduit dans nos codes et sanctionné pour la première fois par l'article 11 de la loi du 25 mars 1822, il n'a pas cessé depuis d'être constamment confirmé par plusieurs lois et décrets qui, loin de tendre à le restreindre, se sont au contraire appliqués à l'élargir et à le fortifier.

Il est aujourd'hui régi par l'article 13 de la loi du 29 juillet 1881.

Aux termes de cet article, il faut et il suffit, pour qu'une personne ait le droit de requérir l'insertion d'une réponse, qu'elle ait été nommée ou désignée dans un journal ou écrit périodique, et qu'elle ait un intérêt — moral au moins — à répondre ; il importe peu, d'ailleurs, — signalons en passant cette particularité, — que l'article soit élogieux ou diffamatoire ; la loi subordonne au fait *seul* d'avoir été nommé ou désigné l'exercice du droit de réponse.

C'est là un droit exorbitant du droit commun.

Le droit dont il s'agit ici n'est, en effet, pas le droit général et incontesté de répondre à un article de journal ; il est évident qu'il sera toujours loisible à celui à qui cela semblera bon, de publier librement, soit dans un écrit périodique, journal ou revue, soit à part et dans la forme qu'il lui plaira, toutes les réponses qu'il voudra à n'importe quel article.

C'est le droit de répondre dans la publication même où a paru l'article auquel on s'adresse, de se substituer à ses rédacteurs, et de prendre la place même de l'un d'eux pour contredire, le lendemain et au même endroit, ce qu'il a soutenu la veille.

Ceci, d'ailleurs, est spécial à la presse périodique ; libre à un écrivain, à un auteur dramatique, à un orateur, de nommer ou discuter, dans son livre, son discours ou sa plaidoirie, qui bon lui semble ; il ne s'exposera de ce fait à aucune responsabilité, s'il évite les imputations injurieuses ou diffamatoires.

Il est donc intéressant de se demander les raisons de cette obligation imposée aux écrits périodiques, et, en

même temps, de ce privilège accordé à ceux qui s'y trouvent nommés ou désignés.

Cette raison nous la trouvons dans leur immense publicité.

Les journaux, aujourd'hui, par le fait seul de l'importance de leur tirage et de la rapidité avec laquelle ils se
répandent dans le monde entier, soit directement, soit par
voie de reproduction, possèdent incontestablement le
pouvoir de livrer à une publicité considérable le nom, les
œuvres ou les actes d'une personne qni n'eût, bien souvent,
demandé qu'à rester ignorée.

Que de délicatesses ou de susceptibilités cette publicité
ne peut-elle pas être de nature à blesser ?

De combien d'inexactitudes, ou, pour le mieux, de vérités
mauvaises à dire, ne peut-elle pas se faire la messagère
universelle ?

La loi a voulu que le remède fût placé à côté du mal,
et elle a voulu assurer l'efficacité de la réparation ; c'est
ainsi que, pour établir l'égalité absolue entre le particulier
et le journaliste, elle a permis au premier d'user, pour
riposter, de l'arme même qui aura servi à l'atteindre.

En consacrant le droit de réponse, ce que la loi a voulu
avant tout, c'est donc assurer l'exercice intégral du droit
de défense individuelle ; c'est ce que la Cour de cassation
a très nettement déclaré maintes fois dans une formule à
laquelle elle paraît tenir tout particulièrement, et par laquelle elle proclame qu'il faut « que l'exercice d'une faculté qui se rattache au droit de la défense personnelle
trouve toujours place là où l'attaque s'est fait jour, et
obtienne par la même voie le bénéfice de la publicité qui
ne peut être le privilège de l'attaque. » (Arrêts des 24 août

1832, 7 novembre 1834, 8 février 1850, 20 février 1884).

Quand un journal va, sans pouvoir invoquer l'excuse ou la justification d'aucune provocation préalable, chercher dans sa retraite une personne dont rien ne permet de dire qu'elle recherchât ou désirât la publicité, pour livrer son nom à la curiosité, — peut-être à la malveillance — de milliers de lecteurs, il est incontestable que, du fait seul de cette publicité faite sans son aveu, résulte pour cette personne un dommage pour le moins moral qui lui donne droit à une réparation ; il n'est donc que juste que la loi ait, en lui accordant le droit de réponse, mis à sa portée l'arme qui lui permettra de l'obtenir.

Mais la loi ne pouvait atteindre ce résultat sans infliger du même coup à la presse périodique une sorte de peine, qui, en effet, résulte manifestement pour elle de l'obligation où elle se trouve d'avoir à subir les conséquences de l'exercice du droit de réponse.

Sans doute c'est une peine mitigée, et qu'on ne saurait ranger dans aucune des catégories prévues par la loi pénale ; il n'est même, à vrai dire, possible de prétendre que c'en est une, qu'à condition de prendre cette expression de peine au sens philosophique plutôt qu'au sens juridique du mot ; elle est destinée à sauvegarder contre les empiétements de la presse, dans les cas même où ceux-ci ne donneraient lieu ni à une action répressive, ni à une instance en dommages-intérêts, l'intégralité des droits de la défense personnelle.

C'est une peine *sui generis*, ce qui ne l'empêche pas d'être particulièrement grave, et particulièrement préjudiciable aux publications qu'elle atteint.

Croit-on qu'il puisse être indifférent à une Revue qui

dispose forcément d'un espace très limité, et même à un journal quotidien, de se trouver inopinément obligés d'insérer gratuitement, dans leur plus prochain numéro, des factums sur lesquels ils n'ont aucun contrôle, qui viennent encombrer, sans intérêt pour le lecteur, dans leurs colonnes, une étendue qui peut devenir considérable si les moyens de l'auteur lui permettent de s'étendre au-delà des limites de la gratuité, et dont un des moindres inconvénients pourra être de contenir un exposé de doctrines absolument contraires à celles qu'ils se sont justement donné pour mission de défendre ?

Où trouver rien d'analogue à un droit aussi exorbitant ?

Il semble même qu'on puisse aller jusqu'à dire qu'il y a là, dans une certaine mesure, une atteinte à la propriété.

Et comment donc légitimer ces graves conséquences autrement qu'en en faisant remonter l'origine au caractère de peine que nous attribuons au droit de réponse ?

Mais, si l'insertion forcée est infligée au journal à titre de peine, cette peine, comme toute peine, a son principe et sa cause dans une faute qu'elle est destinée à punir, et dont l'intervention sera nécessaire pour qu'elle puisse être appliquée ; seulement, pas plus que la peine qui est destinée à la punir n'est, au regard de la loi, une véritable peine, cette faute n'est, non plus, juridiquement, une véritable faute. Elle n'est ni un délit au sens de la loi pénale, ni même un délit civil donnant ouverture à une action en dommages-intérêts ; par ce mot de faute, pris dans sa signification la plus large, nous entendons que le journaliste qui provoque une réponse s'est tout au moins mis dans son tort.

Quelque léger, quelque inconscient même qu'ait été son tort, il n'en a pas moins existé ; or c'est dans ce tort qu'il faut chercher le principe et la raison d'être de la peine que la loi inflige aux journalistes, si bien qu'il est permis d'en conclure qu'avec de la prudence et de la modération ils pourraient vraisemblablement éviter le plus souvent l'application de cette peine.

Le droit de réponse n'a été pour la première fois consacré par un texte législatif que plus de trente ans après la Déclaration des droits de l'homme et du citoyen, qui avait établi pour chaque citoyen le droit de « publier et faire imprimer ses opinions. » — Il en a été en France comme dans la plupart des pays qui ont admis le droit de réponse : celui-ci a été une conséquence directe quoique lointaine de la reconnaissance de la liberté de la presse.

Encore n'est-il pas absolument vrai de dire qu'il n'en ait été qu'une conséquence lointaine, car il y avait longtemps que la notion qui est à la base du droit de réponse avait été dégagée quand la loi du 9 juin 1819 a pour la première fois reconnu, et la loi du 25 mars 1822 réglementé et sanctionné ce droit. On peut même dire que cette notion est contemporaine de la rédaction de la Déclaration des Droits de l'homme et du citoyen ; le duc de Lévis proposait en effet à cette époque à l'Assemblée nationale d'insérer dans la « Déclaration » la formule suivante : « Tout homme ayant le libre exercice de sa pensée a le » droit de manifester ses opinions, *sous la seule condition* » *de ne pas nuire à autrui.* »

C'était indiquer déjà que, lorsque la condition dont elle parle n'a pas été remplie, il est nécessaire de réparer le tort causé par l'abus de la liberté, par la licence à laquelle l'écrivain s'est laissé aller ; et comment réparer mieux ce tort qu'en mettant à la disposition de l'offensé pour lui permettre de réfuter les attaques dont il a été l'objet, des moyens identiques à ceux qui ont été employés contre lui?

Mais ce n'était là qu'une indication, vague encore.

Dès l'an VII, Dulaure proposait au Conseil des cinq cents d'introduire le droit de réponse dans nos lois. Mal présentée, sa proposition fut repoussée. — Elle ne fut pas reproduite au cours de la discussion du Code pénal de 1810; l'Empire avait alors contre la presse des armes autrement efficaces que le droit de réponse.

C'est seulement avec la loi du 9 juin 1819 que le droit de réponse a été consacré effectivement par notre législation.

Consécration modeste : car il ne fut d'abord accordé qu'aux fonctionnaires. Les particuliers ne pouvaient saisir la justice que s'ils avaient été diffamés; ils demeuraient sans défense toutes les fois que l'écrivain avait été assez habile pour esquiver l'application de la loi pénale.

Et aussi consécration indirecte, car s'il est vrai de dire que les rectifications du Gouvernement et des fonctionnaires rentraient, le cas échéant, dans les limites de la formule large employée par la loi : « Publications officielles, » il n'est pas moins vrai de remarquer que l'article ne les visait pas expressément, à la différence des textes de lois postérieures, loi du 27 juillet 1849 (art. 13) et décret sur la presse du 17 février 1852 (art. 19), qui adjoignaient aux « documents officiels, relations authentiques adressés par tout dépositaire de l'autorité publique, » les « réponses et rectifications des dépositaires de l'autorité publique. »

Trois années d'expérience de ce système suffirent pour démontrer la nécessité d'une réforme. L'article 11 de la loi du 25 mars 1822 ouvrit le droit de réponse à toute personne « nommée ou désignée dans un journal ou écrit périodique ; » c'est, à quelques modifications près, répétons-le, ce même article qui régit encore aujourd'hui la matière. La loi de 1822 est donc en cette matière la loi fondamentale.

La loi du 9 septembre 1835 maintint le droit de réponse. Elle le fortifia même en décidant que le journaliste devrait insérer la réponse dans le plus prochain numéro, et en ajoutant que la réponse pourrait dépasser en étendue le double de l'article, sous la seule condition du paiement de l'excédent. Elle fut abrogée par le décret du 6 mars 1848.

La loi du 27 juillet 1849, le décret-loi du 17 février 1852 s'en référèrent sur ce point à la législation antérieure.

La loi du 29 juillet 1881 modifie enfin quelque peu les dispositions de la loi du 25 mars 1822.

De nos codes, le droit de réponse est passé dans la plupart des législations étrangères : nous consacrerons un chapitre spécial à étudier dans quelles conditions.

Prenant pour base le très rapide aperçu historique qui vient d'être donné, nous nous proposons de présenter avec quelques développements l'histoire de l'évolution du droit de réponse dans notre législation.

C'est, avons-nous dit, Dulaure, qui, le premier, émit l'idée de consacrer et de sanctionner par un texte de loi le droit de réponse.

Son intervention à ce sujet se produisit dans la séance du Conseil des Cinq cents du 24 prairial an VII, au cours de la discussion d'un projet de loi de Berlier « relatif au rétablissement de la liberté de la presse et à la répression de ses abus, » présenté une première fois au Conseil par son

auteur dans la séance du 8 fructidor an VI, mais ajourné
alors et repris par lui dans la séance du 22 prairial et les
séances suivantes. Le projet de Berlier était inspiré par
les principes suivants : Liberté entière de s'expliquer sur
les actes de l'autorité publique, pourvu que l'écrit ne dé-
génère pas en provocation à la désobéissance ; répression
rigoureuse des imputations dirigées contre l'honneur ou
la probité des personnes, à moins qu'on ne se porte dé-
nonciateur civique, ou qu'on n'en produise la preuve par
écrit.

Dulaure exposait donc, au cours de la séance du 24 prairial an VII, les raisons qui lui paraissaient militer en faveur de l'introduction dans la loi du principe du droit de
réponse ; et, deux jours plus tard, il déposait, à la séance
du 26 prairial an VII, sur le bureau du Conseil des Cinq
cents, deux propositions additionnelles précédées d'un exposé des motifs très complet.

On trouvera relatés aux annexes, et le texte de son intervention à la séance du 24 prairial et le texte de son
exposé des motifs (Annexe n° 3). Nous nous contenterons
de reproduire ici, pour l'analyser brièvement, le texte
de ses deux propositions additionnelles :

ARTICLE PREMIER.

Tous propriétaires ou rédacteurs de journaux ou d'ouvrages périodiques, quelle que soit sa dénomination, qui
y auroient inséré un article attentatoire à la réputation
d'un ou de plusieurs citoyens, seront tenus d'y insérer la
réponse à cet article, dans les cinq jours qui suivront la
réception de ladite réponse, sous peine de voir leurs journaux ou ouvrages périodiques supprimés, et d'être en

outre condamnés aux frais d'impression, de timbre et de poste de trois mille exemplaires de ladite réponse. .

II

Les susdits propriétaires ou rédacteurs seront en outre tenus sous les mêmes peines, de délivrer à chaque citoyen prétendu calomnié, ou à celui qui le représentera, un récépissé de la réponse à insérer, dans lequel sera mentionné le nombre de lignes non raturées de cette réponse, et la date du jour où elle aura été reçue (1).

Ces deux propositions additionnelles furent, on le sait, repoussées ; elles étaient, sans nul doute, incomplètes, mais on ne peut nier qu'elles continssent les éléments constitutifs de la réglementation du droit de réponse, telle qu'elle a été organisée par la loi de 1822, qui ne devait intervenir que près de vingt ans plus tard, et les lois postérieures.

C'est bien en effet un droit fort analogue à notre droit de réponse actuel que consacre l'article 1er ; la seule différence consiste dans ce fait que Dulaure n'entendait voir ouvrir l'exercice de ce droit qu'à l'occasion d'un « article attentatoire à la réputation d'un ou de plusieurs citoyens, » alors que la loi de 1822 et les lois postérieures en accordent — et c'est là une de leurs principales originalités — l'exercice indistinctement à toute personne simplement nommée ou désignée ; mais ce n'est après tout là que l'élargissement d'un principe identique.

De même cet article premier s'applique comme nos lois

---

(1) Bibliothèque nationale, cat. de l'Histoire de France, L• 43, n° 3222.

aux « journaux ou ouvrages périodiques » ; il prévoit comme elles un délai maximum imparti aux journaux pour publier les réponses qu'ils se seront attirées ; en prévoyant la suppression des journaux ou ouvrages périodiques récalcitrants, il imagine une disposition qu'il est facile de rapprocher de celle, ainsi conçue, du décret organique du 2 février 1852, article 19 :

« .... En outre, le journal pourra être suspendu par
» voie administrative. »

Enfin, le mode de pénalité qu'il préconise n'est autre que l'amende, évaluée de façon un peu particulière.

En ce qui concerne l'article 2 de Dulaure, la disposition qui en impose aux propriétaires ou rédacteurs de journaux l'obligation de « délivrer à chaque citoyen prétendu
» calomnié, ou à celui qui le représentera, un récépissé de
» la réponse à insérer, dans lequel sera mentionné le
» nombre de lignes non raturées de cette réponse, et la
» date du jour où elle aura été reçue, » vient d'être reprise, quant à son principe tout au moins, dans une proposition de loi votée par la Chambre des députés le 31 mars 1898, sur l'initiative de M. Flandin, et actuellement pendante devant le Sénat, où elle a fait l'objet d'un rapport de M. Thézard, en date du 5 avril 1898. — Cette proposition prévoit en effet par la disposition suivante, destinée à figurer dans la rédaction nouvelle de l'article 13 de la loi du 29 juillet 1881 :

« Le gérant sera tenu d'insérer dans les trois jours de
» sa réception *constatée par exploit d'huissier ou par ré-*
» *cépissé qui ne pourra être refusé à l'agent des postes*
» *ou au porteur* .... la réponse de toute personne

» nommée ou désignée depuis moins de trois mois dans
» le journal ou écrit périodique........ etc., » la nécessité
pour le gérant de délivrer dans certains cas un récépissé
à l'auteur de la réponse ou à son représentant.

Nous terminerons cet exposé en remarquant qu'il semble donc de toute justice de rapporter à Dulaure le mérite
d'avoir été le premier a exprimer et à défendre, au nom
de la liberté, une idée aussi noble et aussi généreuse que
celle à laquelle nous devons la consécration dans nos
codes du Droit de réponse.

Au moment de passer à l'analyse de la loi de 1822, nous
devons, pour justifier l'affirmation, produite par nous au
début de ce chapitre, de ce fait que « c'est bien en effet
la loi de 1822 qui nous régit encore aujourd'hui, malgré
les additions successives que l'article 11 de cette loi a
reçues en 1849 et en 1881, extension de la réponse au-delà
du double de l'article, et insertion en mêmes place et caractère, car ce ne sont là que des détails de pure forme, des-
tinés à empêcher que la loi ne soit éludée, » mettre en
relief la concordance du texte de l'article 13 de la loi du
29 juillet 1881 avec celui de l'article 11 de la loi du 25 mars
1822, complété par l'article 17 de la loi du 9 septembre
1835 et par l'article 13, § 2, de la loi du 27 juillet 1849.

Il suffit de rapprocher et de souligner en partie le texte
de la loi nouvelle et celui-ci des lois antérieures pour voir
leur parfaite concordance :

Loi du 25 mars 1822, art. 11.

*Les propriétaires ou éditeurs de tout journal ou écrit
périodique seront tenus d'y insérer, dans les trois
jours de la réception, ou dans le plus prochain numéro,*

s'il n'en était pas publié avant l'expiration des trois jours, *la réponse de toute personne nommée ou désignée* dans le journal ou écrit périodique, sous peine d'une amende de 50 à 500 francs, sans préjudice des autres peines et dommages-intérêts, auxquels l'article incriminé pourrait donner lieu. *Cette insertion sera gratuite,* et la réponse pourra avoir *le double de la longueur* de l'article auquel elle sera faite.

Loi du 9 septembre 1835, art. 17

L'insertion des réponses et rectifications prévues par l'article 11 de la loi du 25 mars 1822 devra avoir lieu dans le numéro qui suivra le jour de la réception ; *elle aura lieu intégralement et sera gratuite :* le tout sous les peines portées par ladite loi. Toutefois, si la réponse a *plus du double de la longueur* de l'article auquel elle sera faite, le surplus de l'insertion sera payé suivant le tarif des annonces.

Loi du 27 juillet 1849, art. 13, § 2

L'insertion sera gratuite pour les rectifications et réponses prévues par l'article 11 de la loi du 25 mars 1822, lorsqu'elles ne dépassent pas *le double de la longueur* des articles qui les auront provoquées ; dans le cas contraire le prix d'insertion *sera dû* pour le surplus seulement.

Loi du 29 juillet 1881, art. 13

Le gérant sera tenu d'insérer, dans les trois jours de leur réception ou dans le plus prochain numéro, s'il n'en était pas publié avant l'expiration de trois jours, *les réponses de toute personne nommée ou désignée* dans le journal ou écrit périodique, sous peine d'une amende de 50 à 500 francs, sans préjudice des autres peines et dommages-intérêts auxquels l'article pourrait donner lieu. Cette *insertion* devra être faite à la même place et en mêmes caractères que l'article qui l'aura provoquée.

Elle sera *gratuite*, lorsque les réponses ne dépasseront pas *le double de la longueur* dudit article. Si elles le dépassent, le prix d'insertion *sera dû* pour le surplus seulement. Il sera calculé au prix des annonces judiciaires.

L'esprit de la loi de 1881 est, d'ailleurs, tout comme son texte, en parfaite harmonie avec celui qui a inspiré la loi de 1822 complétée par celles de 1835 et 1849. Le législateur a introduit le droit de réponse comme un remède nécessaire aux abus possibles de la presse périodique ; il a reconnu et sanctionné ce droit comme se rattachant au droit de légitime défense.

L'introduction du principe législatif du droit de répondre à un article de journal dans le journal même, dont nous avons vu que le mérite de la création revient à Dulaure, est due à l'initiative d'un député du département de la Creuse, alors conseiller à la Cour de Paris, plus tard conseiller à la Cour de cassation, M. Mestadier, auteur d'un amendement devenu la disposition textuelle de l'article 11 de la loi du 25 mars 1822. A la séance de la Chambre des députés, du vendredi 1er février 1822, ce député présenta les observations suivantes, qui déterminèrent l'adoption de l'amendement (1).

« . . . . . Un moyen plus satisfaisant pour l'honnête

---

(1) Voir le procès-verbal officiel de cette séance, publié dans le *Moniteur universel* du samedi 2 février 1822 : supplément au n° 33, p. 155.

homme, fonctionnaire ou non, *antidote* plus efficace *contre un poison dont l'effet est si rapide, c'est de pouvoir repousser l'outrage par les mêmes armes, et dissiper tous les doutes, tous les nuages dans l'esprit de tous ceux qui auront lu l'article dont il se sentira blessé.* — Souvent la presse a été comparée à la lance d'Achille ; vous répondrez, dit-on. J'admets l'argument, etc. — Souvent une simple dénégation, une simple explication suffirait à l'homme offensé, sans avoir besoin de recourir à la justice, recours qui est presque toujours un remède pire que le mal. *Il est donc juste, nécessaire, utile d'obliger les journalistes à recevoir loyalement la réponse des personnes dont ils auront cru devoir parler.* — Mais ce que vous ne devez pas refuser aux fonctionnaires, vous devez surtout l'accorder aux simples citoyens. Sera-t-il donc permis de publier tous les actes de leur vie domestique et privée, *de les livrer à toute la malignité des réticences et des interprétations, sans leur donner nême le moyen, qui se présente naturellement, d'écraser l'insecte sur la plaie,* en s'expliquant de suite devant le tribunal même où ils auront été traduits sans droit, sans nécessité, sans utilité pour le public ? — A l'avenir, les journaux pourront exercer la censure sur les particuliers comme sur les fonctionnaires publics : personne ne pourra plus cacher sa vie ; vous l'avez voulu (1). *Au moins faut-il que celui*

(1) M. Mestadier fait allusion au rejet prononcé, le jeudi 31 janvier 1822, par la Chambre des députés, d'un autre amendement qu'il avait lui-même proposé, et qui tendait à interdire « la publication par la voie de la presse, hors des débats judiciaires, de tout acte de la vie domestique et privée d'un citoyen, faite sans l'aveu de celui qu'elle intéresse. » (Voir le *Moniteur universel* du 2 février 1822).

qui est signalé d'une manière quelconque au public puisse combattre à arme égale sur le terrain choisi par son adversaire. Ainsi le veut la justice, ainsi le veut la loyauté, la générosité du caractère français. — Mais, toujours juste, *je ne veux pas qu'on puisse abuser même de la justice, et, sous prétexte d'une réponse nécessaire, excéder la juste mesure d'une légitime défense.* Je propose, en conséquence, de ne pas permettre que la longueur de la réponse excède de plus du double celle de l'article incriminé. »

Lors de la délibération à la Chambre des pairs, à la séance du lundi 4 mars 1822, l'article, qui avait été voté sans aucune discussion par la Chambre des députés, fut, au contraire, l'objet de débats intéressants (1).

M. le duc de Broglie le combattit en ces termes :

« La disposition qu'il renferme, dictée par un sentiment honorable, a été déjà proposée plusieurs fois, mais elle a été écartée, comme injuste dans ses conséquences, et dangereuse pour l'ordre public. Ces motifs doivent encore la faire rejeter aujourd'hui. » — L'orateur examine d'abord les inconvénients qu'elle présente pour l'ordre public, dans le cas où les journalistes profiteraient de ce moyen pour déguiser les attaques sous les formes d'une réponse criminelle provoquée par un article innocent dicté par eux à des affidés sans connaissance et sans solvabilité. — « A côté de cet abus dangereux pour la société, il s'en trouve un autre qui ne le serait pas moins

---

(1) Le procès-verbal officiel de ces débats, que nous reproduisons en partie, est publié dans le *Moniteur universel* du mercredi 13 mars 1822, n° 72, page 382.

pour les entreprises des journaux, ce que la justice commande de prévenir. — La diversité des matières dont les journaux sont en possession d'occuper le public les met dans la nécessité de citer à chaque instant le nom d'une infinité de personnes. *La critique littéraire ou théâtrale, les discussions politiques, la chronique du jour, blessent souvent quelques amours-propres. Que deviendra le journaliste et son entreprise, si chaque jour il se voit obligé d'insérer une réponse qui pourra remplir toutes ses colonnes, s'il s'agit d'un article sérieux de littérature, ou le feuilleton entier, si c'est un acteur qui veut y insérer son apologie?* Cette seconde considération doit également faire repousser le projet. »

Au contraire, *M. le comte Boissy d'Anglas* défendit, pour les raisons suivantes, le projet, comme la seule réparation possible du tort que les journaux peuvent causer aux particuliers :

« C'est seulement dans le journal même où l'attaque a été publiée que l'on peut répondre utilement ; car, sans cela, on s'adresse à une autre classe de lecteurs, et l'on ne fait que donner une publicité plus grande à l'injure dont on se plaint. La disposition est donc juste en elle-même. — Le premier abus que l'on a signalé ne peut exciter aucune inquiétude. Si la réponse commettait quelque délit, l'auteur ne serait-il pas passible des peines qu'elle prononce ? *Quant aux inconvénients qui peuvent en résulter pour le journaliste, la crainte de voir ses colonnes remplies par les réponses qu'il pourrait provoquer le contiendra dans les limites d'une juste modération, et ce résultat n'a rien qui ne soit désirable.* »

Un troisième opinant, *M. le marquis de Lally,* fit observer que les limites fixées à l'étendue de la réponse peuvent, dans certains cas, être resserrées : il suffit, en effet, de quelques lignes pour une attaque que plusieurs pages pourraient à peine repousser.

Un quatrième opinant, M. *le comte Lanjuinais*, estima qu'il fallait *laisser à la jurisprudence des tribunaux le soin de prévenir les abus* dont l'article discuté, comme toute autre disposition de loi, pouvait devenir le prétexte.

Un cinquième opinant, M. *le marquis de Bonnay*, témoigna le désir de trouver dans l'article une expression qui eût pour but d'établir, d'une manière précise, que le droit de répondre n'était accordé qu'à l'individu désigné dans le journal d'une manière injurieuse. — A ce propos, M. le Président annonça qu'un amendement rédigé dans ce sens venait de lui être remis et ferait l'objet d'une délibération de la Chambre. Cet amendement consistait à ajouter après ces mots : « toute personne nommée ou désignée, » ceux-ci : « d'une manière injurieuse. »

M. *de Peyronnet,* garde des sceaux, demanda alors à être entendu. Il crut devoir répondre d'abord à l'observation présentée par M. de Broglie quant à la crainte que l'on ne pût abuser du droit de réponse, en insérant, au moyen d'une provocation concertée, des articles qui contiendraient eux-mêmes un délit, et dont les auteurs n'offriraient pas la même responsabilité que les éditeurs du journal où ils seraient insérés.

« *La loi*, dit-il, *ne peut obliger personne à commettre un délit, et le journaliste sera le juge nécessaire de la réponse qui lui sera adressée.* Si elle est innocente, il sera tenu de l'insérer ; si elle est coupable, aucune loi ne peut l'y obliger ; et jamais aucun tribunal n'admettrait, pour excuse d'une réponse criminelle, l'obligation que le journaliste prétendrait lui être imposée par la loi de l'insérer. »

M. le Garde des sceaux examina ensuite s'il convenait de restreindre l'obligation d'insérer la réponse au cas où la désignation aurait été injurieuse, et il exprima la crainte que cette limitation ne rendit illusoire la disposition de l'article.

« Le journaliste, en effet, dit-il, soutiendrait toujours qu'il n'a pas eu dessein de faire injure, et, se constituant ainsi juge de la nécessité de la réponse, il se dispenserait de l'insérer. On sait d'ailleurs qu'une assertion n'a pas besoin d'être injurieuse pour exiger une réfutation. *Et ne serait-ce pas pousser trop loin la faveur envers les journalistes que d'autoriser de leur part les insinuations les plus fâcheuses, pourvu qu'elles ne continssent pas une injure formelle ?* L'article doit donc être admis tel qu'il se trouve dans le projet. »

M. le comte Molé proposa, sous forme d'amendement, de restreindre le droit accordé par l'article en discussion au cas où un individu croit avoir à se plaindre d'une publication relative à *sa vie privée.*

M. le marquis de Marbois formula un autre amendement, tendant à empêcher, dans l'intérêt des abonnés, que les journaux ne pussent être remplis en entier par les réponses qu'ils seraient tenus d'insérer. Il consistait à ajouter à l'article une disposition ainsi conçue :

« Lorsque la réponse excédera une colonne, elle sera insérée dans une feuille supplémentaire, aux frais de l'auteur de l'article qui l'aurait provoquée. »

M. le duc Decazes provoqua quelques explications que

les observations du garde des sceaux lui avaient paru rendre nécessaires :

« Ce ministre a dit, en terminant, que le journaliste ne devait pas être laissé maître d'insérer la réponse, ou de se dispenser de le faire. *Si cependant on convient qu'il ne peut être tenu d'insérer une réponse criminelle, s'il est évident qu'il ne peut être non plus obligé d'insérer une réponse qui n'aurait aucun trait à son article, comment ne pas reconnaître qu'il doit rester juge de la réponse, et comment ne pas craindre alors que l'intérêt que la loi veut garantir ne le soit pas d'une manière suffisante ?* »

M. le comte Daru demanda ce qui arriverait si la réponse était refusée, et à quelle autorité son auteur devrait s'adresser pour en obtenir l'insertion.

A ces demandes d'explications, *M. le Garde des sceaux* répondit qu'on avait confondu deux objets sur l'observation qu'il avait présentée à la Chambre :

« Il a dit, sans doute, et il le répète, que le *journaliste ne devait pas être juge de la réponse, mais en ce sens seulement qu'il ne pouvait juger de son utilité ou de sa nécessité dans l'intérêt de son auteur. Ainsi, que le particulier qui la présente ait tort ou raison de se trouver offensé par l'article où il aura été désigné, dès lors qu'il l'a été, le journaliste doit insérer sa réponse. Mais cette obligation ne peut entraîner celle de publier un article coupable, et c'est ici qu'il redevient, par la nécessité des choses, juge, non pas de l'opportunité de la réponse, mais de ce que la réponse peut contenir. S'il l'admet, il encourt toute la responsabilité qu'elle peut entraîner ; s'il la refuse, et que l'auteur croie pouvoir se plaindre de ce*

refus, c'est aux tribunaux qu'il appartient de prononcer.
Si le refus leur parait motivé, ils déchargeront le journaliste de toute poursuite ; ils lui appliqueront, au contraire,
l'amende et les dommages-intérêts prononcés par l'article
discuté, si le refus leur parait injuste et dénué de raisons
suffisantes. »

D'après ces explications, *M. le Garde des sceaux* crut
pouvoir insister sur l'adoption de l'article, tel qu'il était
au projet.

En définitive, les divers amendements proposés sur cet
article furent successivement mis aux voix et rejetés ;
mais l'article lui-même fut adopté dans les termes du
projet.

La Cour de cassation, par de nombreux arrêts uniformes, basés sur le texte et l'esprit de l'article 11 de la loi
du 25 mars 1822, a interprété cette disposition de loi in-
troductive du droit de réponse. Elle a déterminé le caractère de ce droit ; elle a déclaré hautement la protection
que lui doit la justice, selon le vœu du législateur ; elle a
fixé l'étendue ou les limites de son exercice ; elle a précisé le pouvoir d'appréciation qui appartient aux tribunaux correctionnels et aux cours d'appel ; enfin, elle a
revendiqué ou réservé pour elle-même le droit de contrô-
ler l'appréciation des juges du fait.

Voici, dans l'ordre chronologique, la partie doctrinale
des arrêts les plus explicites de la Cour suprême, où sont
nettement et énergiquement formulés les principes de la
matière :

1. — «... L'article 11 de la loi du 25 mars 1822 est général. *Loin de devoir être restreint dans son application,*

il doit recevoir, au contraire, pour rentrer dans l'esprit de la loi, la plus grande extension. Il suffit que l'on ait été l'objet d'un article de journal pour avoir, aux termes de la loi du 25 mars 1822, le droit de faire insérer dans ce journal une réponse à cet article. *Il n'est point nécessaire, pour l'exercice de ce droit, que l'article ait été injurieux ou diffamatoire* (1). »

2. — «... La disposition de l'article 11 de la loi du 25 mars 1822, qui donne à toute personne nommée ou désignée dans un journal ou écrit périodique le droit de répondre par la voie du même écrit, est *un remède contre le tort moral ou autre que la périodicité et la publicité de la publication peuvent causer aux citoyens* qui, sans elle, n'auraient pas le même moyen de publicité. *Cette disposition se rattache donc au droit de la défense personnelle, et ainsi elle doit être plutôt étendue que restreinte par les tribunaux.* — Les personnes nommées ou désignées dans les écrits périodiques sont juges, et non le gérant de ces écrits, de la convenance des réponses qu'elles se croient dans le cas de leur adresser. Si la *réplique* n'était pas *de droit* accordée à ces personnes aux observations dont lesdits gérants accompagneraient une première réclamation, la disposition de la loi deviendrait illusoire et serait la source d'insinuations plus malveillantes que celles auxquelles elles auraient déjà répondu (2). »

3. — «... L'article 11 de la loi du 25 mars 1822 accorde aux citoyens qui sont nommés ou désignés dans un jour-

---

(1) Crim. rej., 11 sept. 1829, Sirey, 1829, i, 413.
(2) Crim. rej., 24 août 1832, Sirey, 1833, i, 149.

nal *un droit qui dérive de celui de la défense, et qui doit être protégé par la justice. C'est au journaliste qui a refusé l'insertion de justifier de l'impossibilité légale où il s'est trouvé de respecter l'intégrité de la réclamation à lui adressée,* en vertu du principe *Reus excipiendo fit actor* (1). »

4. — «...Le droit accordé par l'article 11 de la loi du 25 mars 1822 à toute personne nommée ou désignée dans un journal ou écrit périodique *est général et absolu*. Il n'est point subordonné au contrôle des tribunaux, la personne nommée devant être seule juge de l'intérêt qu'elle peut avoir à répondre et de ce que sa réponse peut contenir. *Le refus d'insertion ne pourrait être justifié que si la réponse à insérer avait le caractère de crime ou de délit* (2). »

5. — « ... Il résulte des dispositions des articles 11 de la loi du 25 mars 1822 et 17 de celle du 9 septembre 1835, que le *législateur a voulu soumettre le journaliste qui s'érige en censeur public à fournir aux citoyens nommés ou désignés dans ses articles le plus sûr moyen de repousser les inculpations, les assertions qu'ils croient de nature à les compromettre, soit comme hommes publics, soit comme hommes privés.* Ce but ne serait pas atteint, si le journaliste pouvait refuser l'insertion intégrale de la réponse, *sous prétexte ou de sa longueur, ou de l'inutilité de quelqu'une de ses parties, ou de prétendus vices de rédaction.* — En nommant ou désignant un individu, le journaliste a dû, suivant la loi, lui reconnaître le droit

---

(1) Crim. rej., 7 nov. 1834, *Bull. crim. C. cass.*, n° 362.
(2) Crim. cass., 1er mars 1838, Sirey, 1838, 1, 447.

de répondre, comme il l'entendra, et s'assujettir d'avance à insérer *intégralement* cette réponse. — *Ce droit est général et absolu. Celui qui l'exerce, qui est fondé à l'exercer, dès lors qu'il a été nommé ou désigné, est seul juge de l'opportunité, de l'étendue, de la forme, de la teneur de sa réponse. Elle ne doit subir aucune sorte de contrôle de la part du journaliste. Si le refus de celui-ci nécessite l'intervention de la justice, cette intervention doit avoir surtout pour résultat d'assurer la stricte exécution de la loi, de garantir à celui qui répond la plénitude de ses droits, de prévenir ou du moins de réprimer avec sévérité des résistances qui, en ajournant la publication de la réponse, lui ôtent souvent tout son fruit. Et s'il convient de reconnaître à l'autorité judiciaire une faculté d'examen refusée au journaliste, l'exercice circonspect d'une telle faculté doit se réduire aux seuls cas* où l'ordre social, la morale publique, l'intérêt d'un tiers, l'honneur du journaliste *réclameraient* cet exercice (1). »

6. — «... Les dispositions des articles 11 de la loi du 25 mars 1822 et 17 de celle du 9 septembre 1835 sont générales et absolues. *Le droit de réponse qu'elles consacrent a été introduit comme un remède nécessaire aux abus possibles de la presse périodique.* — Ce but ne serait pas atteint, si la partie intéressée n'était pas seule juge de l'intérêt qu'elle peut avoir à répondre et de ce que sa réponse doit contenir. — *Le gérant peut, sans doute, refuser l'insertion et les tribunaux sanctionner son refus, lorsque la réponse* est contraire aux lois ou aux bonnes mœurs. *Mais ni le gérant ni les tribunaux ne peuvent priver la*

---

(1) Crim. cass., 26 mars 1841, Sirey, 1842, 1, 274.

partie du droit que la loi lui accorde, sous prétexte que
sa réponse contient des choses inutiles ou inexactes (1). »

7. — « ... L'article 11 de la loi du 25 mars 1822 ne distingue point le cas où la personne *nommée* ou *désignée* dans
un journal aura ou n'aura pas le droit de réclamer du
journaliste l'insertion de sa réponse. Il faut en conclure
que *le droit d'insertion existe dans tous les cas, et que*
la personne nommée ou désignée doit seule apprécier son
intérêt à répondre à l'article qui la concerne, quelle
que soit la nature des faits ou des réflexions à l'occasion
desquelles son nom figure dans le journal. — *Sauf le*
droit des tribunaux d'autoriser le journaliste à refuser
l'insertion d'une réponse qui serait contraire aux lois,
aux bonnes mœurs, à l'intérêt des tiers ou à l'honneur
du journaliste lui-même, la faculté de répondre ne peut,
dans aucun cas, être refusée par les tribunaux à toute
personne nommée ou désignée dans un journal (2). »

8.— « ... La faculté de répondre, introduite par l'article 11
de la loi du 25 mars 1822 est générale et absolue. *Celui qui*
est fondé à l'exercer est seul juge de ce qui doit consti-
tuer sa réponse, de sa convenance, de sa forme, de sa te-
neur. Cette faculté, qui n'est soumise à aucun contrôle de
la part du journaliste, n'a de limites que dans le droit,
qui appartient aux tribunaux d'autoriser le journaliste
à refuser l'insertion d'une réponse qui serait contraire
aux lois, aux bonnes mœurs, à l'intérêt légitime des tiers,
ou à l'honneur du journaliste lui-même. L'exercice de
ladite faculté, qui se rattache au *droit de la défense per-*

(1) Crim. cass., 29 janvier 1842, Sirey, 1843, 1, 74.
(2) Crim. cass., 27 nov. 1845, Sirey, 1846, 1, 209.

sonnelle, doit toujours trouver place là où l'attaque s'est fait jour, et obtenir par la même voie le bénéfice de la publicité, qui ne peut être le privilège de l'attaque (1). »

9. — «... Le droit consacré par l'article 11 du 25 mars 1822 est général et absolu. C'est à celui qui l'exerce qu'il appartient de juger de ce qu'il est nécessaire de faire entrer dans la réponse, et, par suite, d'apprécier la convenance de celle-ci et d'en régler la forme et la teneur. *Cette faculté n'est point soumise au contrôle du journaliste. Elle n'est limitée que par le droit reconnu aux tribunaux d'autoriser ce dernier à refuser l'insertion d'une réponse qui serait contraire aux lois, aux bonnes mœurs, à l'intérêt légitime des tiers ou à son honneur personnel. Dans l'appréciation qu'ils font d'une réponse, les tribunaux sont fondés à prendre en considération la nature et la forme de l'attaque, les besoins de la défense et la légitime susceptibilité de la personne nommée* (2). »

10. — «... *Le droit de réponse*, assuré par l'article 11 de la loi du 25 mars 1822 à toute personne qui a été nommée ou désignée dans un journal, *quelque général et absolu qu'il soit, ne saurait autoriser celui qui l'exerce à déverser l'injure et la diffamation sur celui à qui la réponse est adressée, et moins encore sur des tiers étrangers au débat.* La défense cesse d'être *légitime* quand elle devient *agressive et provocatrice*. Elle perd tout droit à la protection de la loi quand elle doit avoir pour effet d'envenimer la haine et d'entretenir les mauvaises passions (3). »

---

(1) Crim. cass., 8 février 1850, Sirey, 1850, 1, 329.
(2) Crim. rej., 20 juillet 1854, Sirey, 1854, 1, 663.
(3) Crim. cass., 21 janv. 1860, Dalloz, 1860, 1, 104. — Cet arrêt, sui-

11. — «... *Aucun délai, aucune formalité n'a été im-posée en matière de refus d'insertion,* par les disposi-tions des articles 11 de la loi du 25 mars 1822, 17 de la loi du 9 septembre 1835, et 13 de la loi du 27 juillet 1849. *Il suffit que le prévenu soumette aux tribunaux ultérieure-ment saisis les motifs de son abstention et les leur fasse agréer* (1). »

12. — «... La disposition de l'article 11 de la loi du 25 mars 1822, *basée sur la nécessité de protéger les citoyens contre les abus de la presse périodique,* est générale et absolue. Celui qui est fondé à s'en prévaloir *est seul juge de l'opportunité, de l'étendue, de la forme et de la teneur* de la réponse dont il entend réclamer l'insertion. *Le journaliste ne peut, à ces divers points de vue, la soumet-tre à son contrôle personnel, et son obligation n'a de li-mites que dans les cas où cette réponse serait contraire soit aux lois, soit aux bonnes mœurs, soit à l'intérêt des tiers, soit enfin à l'honneur du journaliste lui-même.* On ne peut admettre que la simple allégation d'une incer-titude sur l'identité des signataires d'une réponse puisse suffire pour justifier le refus d'insertion. *Ce système serait en opposition avec l'esprit de la loi et paralyserait le droit de réponse entre les mains de celui à qui le législa-teur a voulu l'accorder avec une grande étendue* (2). »

---

vant l'annotateur de Dalloz, a ceci de remarquable qu'il est le premier dans lequel la Cour approuve, contrairement à la décision des juges du fait, le refus d'insertion opposé par le journaliste.

(1) Crim. rej., 6 janvier 1865, Sirey, 1865, 1, 52.

(2) Crim. cass., 19 nov. 1869, Dalloz, 1872, 1, 142. — Il résulte de cet arrêt que l'individu nommé dans un journal et qui veut user du droit d'insertion n'est pas tenu d'adresser, pour être publié à titre de ré-ponse, exclusivement un écrit émané de lui-même.

13. — «... Le législateur a voulu, en ouvrant, au profit de toute personne nommée ou désignée dans un journal, *le droit de réponse,* lui assurer un droit *sérieux et utile.* Elle ne peut user utilement de ce droit qu'à *la condition que la défense soit aussi rapprochée que possible de l'attaque, et que le remède soit placé à côté du mal.* Le but de la loi ne serait pas atteint, si un journal ou un écrit périodique, paraissant à des intervalles plus ou moins longs, pouvait, en présence d'une sommation d'insérer une réponse dans son plus prochain numéro, se dispenser de l'insérer dans celui qui paraîtrait avant l'expiration du délai de trois jours et l'ajourner à une ou plusieurs semaines. *Il ne peut y avoir exception à l'obligation étroite pour le journaliste de faire l'insertion dans le délai légal, que s'il allègue et s'il justifie, devant le juge du fait, qu'il y a eu de sa part* impossibilité matérielle à *satisfaire, dans ce bref délai, à la réquisition d'insertion qu'il avait reçue* (1). »

14. — «... Si le droit de réponse appartient à toute personne nommée ou désignée dans un journal, c'est à *la condition que cette réponse ne sortira pas des bornes d'une légitime défense et ne contiendra rien de contraire, non seulement aux lois et à la morale, mais encore aux droits des tiers et à l'honneur du journaliste lui-même.* Il appartient aux tribunaux d'apprécier si la réponse se renferme dans les limites de modération et de convenance que doit observer celui qui invoque le privilège résultant de l'article 11 de la loi du 25 mars 1822 (2). »

_____

(1) Crim. cass., 9 août 1872, Sirey, 1873, i, 181.
(2) Crim. rej., 19 juillet 1873, Dalloz, 1873, i, 67.

15. — «... Le droit accordé par l'article 11 de la loi du 25 mars 1822 est général et absolu. C'est à celui qui l'exerce qu'il appartient de régler la forme et la teneur de sa réponse. *Si quelques limites ont été apportées par la jurisprudence à l'exercice de ce droit, c'est dans le cas seulement où les termes de la réponse seraient contraires à la loi, ou aux bonnes mœurs, ou bien à l'honneur du journaliste, ou enfin à l'intérêt des tiers étrangers au débat* (1). »

Le droit de réponse, introduit par la loi du 25 mars 1822 (art. 11) et successivement réglementé en partie par celles du 9 septembre 1835 (art. 17) et du 27 juillet 1849 (art. 13, § 2), a été consacré par la loi du 29 juillet 1881 (art. 13).

On lit, à ce sujet, dans le rapport fait, le 18 juin 1881, par M. Lisbonne, au nom de la commission de la Chambre des députés :

« Votre Commission a maintenu en principe le droit de *rectification* et de *réponse* pour toute personne publique ou privée. *Elle l'a fait sans hésitation, parce qu'elle le considère comme un droit naturel.* Les législations les plus libérales l'ont d'ailleurs édicté...

» Votre Commission a pensé qu'il y avait lieu de poser des règles différentes quand il s'agit de rectifications réclamées par l'autorité publique, et quand il s'agit de celles réclamées par les particuliers ou par les fonctionnaires dont les réclamations n'auraient pas pour objet des actes de leur fonction. L'intérêt public est plus ou moins engagé dans le premier cas, l'intérêt privé dans le second.

» Insertion gratuite en tête du journal, dans le plus

(1) Crim. rej., 18 novembre 1881; Sirey, 1882, 1, 236.

prochain numéro qui suit la réception de la réponse, à peine de 50 à 1.000 francs d'amende, quand la rectification émane d'un dépositaire de l'autorité publique.

» Dans les autres cas, insertion gratuite à concurrence du double de la longueur de l'article, avec paiement pour l'excédant, en tête ou non en tête du journal, mais à *la même place et en les mêmes caractères* que l'article objet de la rectification, le tout à peine de 50 à 500 francs d'amende. Pour ne rien laisser à l'arbitraire, soit des journaux, soit des magistrats, nous avons arrêté que le prix de l'insertion dans le cas prévu par l'article 15, serait celui des annonces judiciaires. *C'est une faveur que nous avons cru devoir donner à quiconque se trouve obligé de répondre ou de répliquer ; car il va de soi que le droit de se défendre persiste tant que dure la provocation...* (1) »

Lors de la première délibération à la Chambre des députés, sous la présidence de Gambetta, à la séance du lundi 24 janvier 1881, *M. Sourigues* développa un amendement en trois parties par lui déposé. Il demandait notamment qu'il fût ajouté au projet de l'article 13 une disposition portant que *l'insertion ne pourrait être refusée que dans le cas où la réponse, rectification ou réplique contiendrait quelque injure ou diffamation à l'égard de tiers,* sauf à reconnaître au journaliste le droit de poursuivre à son tour l'auteur des injures ou calomnies qui seraient contenues à son égard dans la réponse ou réplique rendue publique par le journal en cause. Mais les trois

---

(1) Voir la *Loi de 1881 sur la presse,* accompagnée de travaux de rédaction, le tout conforme au compte rendu *in extenso* du *Journal officiel,* 1 vol. (1882), p. 89 et 90, par Celliez et Le Senne.

paragraphes de l'amendement, successivement mis aux voix, furent rejetés (1).

Après cela, on allait procéder au vote sur l'article 13 du projet, quand *M. Cunéo d'Ornano* demanda et obtint la parole. — Voici, suivant le procès-verbal officiel *in extenso*, les observations de ce député et les réponses qu'elles provoquèrent :

« *M. Cunéo d'Ornano*. — La législation antérieure sur le droit de réponse ne portait pas le mot de « rectifications » mais mettait dans la loi le mot « réponse. » La Commission a modifié, sous ce rapport, la rédaction de l'article, et, au lieu de dire : « la réponse de toute personne, » la Commission dit : « la rectification de toute personne. » Il est évident qu'il y a plus qu'une nuance entre ces deux rédactions.

» *Un membre de la Commission*. — C'est à dessein que la substitution a été faite. Il faut que la *réponse* soit une *rectification*.

» *M. Cunéo d'Ornano*. — Le mot semble indiquer alors que la réponse doit se borner au redressement d'un fait erroné ; mais il peut y avoir dans un article autre chose qu'une articulation de fait, il peut s'y trouver des réflexions, des considérations d'ordre purement moral, qui touchent à l'honneur de la personne nommée ou désignée. Ne faut-il pas alors que cette personne ait droit, non seulement à une simple rectification de fait, mais à une réponse plus générale ? C'est pour cela que le mot « réponse » de l'ancienne législation me paraît meilleur, et je demande qu'il soit rétabli dans la loi nouvelle.

(1) Celliez et Le Senne, *op. cit.*, pages 93 à 95 ; *Journal officiel* du 25 janvier 1881, pages 44 et 45 ; *Sirey*, Lois annotées, 1882, page 7, note 27.

» *M. Noël Parfait*. — Vous avez raison.

» *M. Lisbonne, rapporteur*. — La Commission accepte l'amendement de M. Cunéo d'Ornano.

» *M. Gambetta, président*. — Je mets aux voix l'article 13 avec la modification *réponses*, au lieu de *rectifications*, proposée par M. Cunéo d'Ornano et acceptée par la Commission (1). »

La Chambre, consultée, adopta l'article 13 ainsi modifié par l'amendement de M. Cunéo d'Ornano (2).

Au Sénat, la Commission chargée de l'examen du projet de loi, accepta la rédaction en trois paragraphes de l'article 13, relatif au droit de réponse, tel qu'il avait été voté par la Chambre des députés. Elle se borna à y effacer le mot « incriminé, » en expliquant qu'on ne saurait dire d'un article qui ne donne lieu qu'à une rectification qu'il est incriminé ; il est tout au plus erroné (3). Quoiqu'il en soit de l'exactitude de cette explication terminologique, elle ne souleva aucune objection.

La délibération eut lieu à la séance du samedi 9 juillet 1881, sous la présidence de *M. Léon Say*. — Le premier paragraphe de l'article, tout d'abord mis aux voix, fut adopté sans discussion. — Le second paragraphe avait fait l'objet d'un amendement de *M. Bozérian*, qui fut d'ailleurs, après quelques observations, retiré par son auteur. — Ensuite ce paragraphe et le troisième furent successivement mis aux voix et adoptés sans discussion. Il en fut de même de l'ensemble de l'article.

---

(1) *Journal officiel*, 25 janvier 1881, p. 45.

(2) Nous retrouverons la même discussion à propos de la proposition de loi modificative de l'art. 13, votée à la Chambre le 31 mars 1898.

(3) Celliez et Le Senne, *op. cit.*, p. 108.

Dans la discussion de l'amendement *Bozérian*, un membre de la Commission, *M. Laboulaye*, s'exprima en ces termes (1) :

« Messieurs, en demandant que la réponse ait lieu à la même place, nous avons voulu prévenir un inconvénient qui s'est souvent présenté dans le journalisme : nous avons voulu mettre l'attaque et la réponse dans la même situation. Il est arrivé souvent que lorsque le journal avait attaqué dans un grand article à la première page, il mettait la réponse en troisième page, dans un endroit perdu. C'était, pour ainsi dire, dénaturer déjà la réponse ; *nous avons voulu établir l'égalité complète entre l'attaque et la défense.* Vous attaquez dans tel endroit, on répondra au même endroit ; cela me paraît être de la justice élémentaire. On dit : « Ce sera peut-être amener des contraventions ! » *Messieurs, nous devons établir la franchise dans la presse : vous avez le droit de l'attaque, que la réponse ait le même droit que l'attaque !* »

En présence du *texte* et de l'*esprit* de la loi nouvelle, la Cour de cassation ne pouvait que maintenir sa jurisprudence antérieure ; c'est ce qu'elle a fait, dans les termes mêmes de ses précédents arrêts, comme nous l'allons pouvoir constater par les quelques extraits suivants :

1. — «... L'article 13 de la loi du 29 juillet 1881 donne à toute personne nommée ou désignée dans un journal le droit d'y faire insérer une réponse. *Cette disposition, qui est générale, a pour but d'assurer aux citoyens le moyen de se défendre contre les attaques dont ils pourraient être l'objet dans la presse périodique.* — Si la personne

---

(1) *Journal officiel*, 10 juillet 1881, p. 1091.

nommée ou signalée dans un journal est seule juge de l'opportunité et de la teneur de la réponse, elle ne peut, toutefois, prétendre qu'elle a le droit d'user indéfiniment du droit de réponse, et, notamment, de prolonger à son gré un débat qu'elle a elle-même provoqué (1). »

2. — «... Si la personne nommée ou désignée dans un article de journal a le droit incontestable d'y répondre et d'exiger l'insertion de sa réponse, *l'exercice de ce droit, limité par le respect des lois et des bonnes mœurs, doit se renfermer dans la mesure des besoins d'une légitime défense. Spécialement la réponse ne doit contenir rien de contraire à l'honneur et à la considération de celui à qui elle est adressée. — Aucune disposition de la loi n'oblige le journaliste à diviser et à scinder la réponse qui lui est adressée. Cette réponse, sous forme de lettre, peut être considérée à bon droit comme un ensemble indivisible* (2). »

3. — «... L'article 13 de la loi du 29 juillet 1881 donne à toute personne, nommée ou désignée dans un journal, le droit de faire insérer une réponse dans la même feuille. *Ce droit est général et absolu. Il n'admet de restriction que dans le cas où les termes de la réponse seraient contraires aux lois, aux bonnes mœurs, ou porteraient atteinte à l'honneur des tiers ou du journaliste lui-même.* — Aucune disposition de loi n'a établi une semblable restriction en faveur des comptes rendus des délibérations des conseils municipaux. *L'exercice d'une faculté qui se rattache au droit de la défense personnelle,*

---

(1) Crim. rej., 25 mai 1882 ; Dalloz, 1883, ɪ, 48.

(2) Crim. rej., 17 août 1883 ; Dalloz, 1884, ɪ, 44.

*doit toujours trouver place là où l'attaque s'est fait jour,
et obtenir, par la même voie, le bénéfice de la publicité,
qui ne peut être le privilège de l'attaque,* parce que celle-
ci s'est produite dans un compte rendu des séances d'un
Conseil municipal. *Le journaliste, libre de publier ou de
ne pas publier ce compte rendu, ne peut se soustraire
aux conséquences de cette publication.* — Sans doute,
la personne lésée par un compte rendu peut poursuivre
devant les juridictions répressives les outrages ou diffamations qui y seraient contenus. Mais cette action est
indépendante de celle qui a pour objet d'obtenir l'insertion d'une réponse. Avant la décision des tribunaux répressifs, la personne lésée peut avoir intérêt à détruire
sur le champ l'effet des imputations dont elle a été l'objet.
Et, d'ailleurs, ces imputations, quelque préjudiciables
qu'elles soient, peuvent n'avoir pas le caractère délictueux d'une injure ou d'une diffamation (1). »

4. — «... *Si le droit de toute personne désignée dans un
journal d'y faire insérer une réponse est général et absolu,
et si celui qui est fondé à s'en prévaloir est seul juge
de l'opportunité, de l'étendue, de la forme et de la teneur de la réponse* dont il entend réclamer l'insertion, *ce
droit ne peut, toutefois, s'exercer que dans les limites de
la légitime défense, et il ne saurait être étendu jusqu'à
imposer au journaliste l'obligation d'insérer une réponse
qui serait contraire aux bonnes mœurs, à l'intérêt des
tiers ou à l'honneur du journaliste lui-même* (2). »

5. — «... *La loi de 1881 sur la presse ne subordonne pas*

---

(1) Crim. cass., 20 mars 1884.
(2) Crim. cass., 29 mars 1884 ; Dalloz, 1885, I, 94.

le droit de répondre à *l'intérêt plus ou moins sérieux de celui qui l'exerce.* Aux termes de l'article 13 de ladite loi, tout individu nommé où désigné dans un journal a la faculté de répondre. La réponse doit être insérée dans les trois jours de la sommation. *Le refus d'insertion constitue un délit, et le journaliste qui l'a commis doit au moins être condamné aux dépens envers la partie civile, si une réparation plus ample n'est pas jugée nécessaire* (1). »

6. — «... *Le droit de réponse,* consacré par l'article 13 de la loi du 29 juillet 1881, *est général et absolu. Il appartient à celui qui l'exerce de régler la forme et la teneur de la réponse, d'apprécier ce qu'il trouve nécessaire de dire pour sa défense, sans avoir à subir le contrôle du journaliste. Si ce droit peut être limité par les tribunaux, c'est seulement alors que les termes de la réponse seraient contraires aux lois ou aux bonnes mœurs, à l'intérêt légitime des tiers ou à l'honneur du journaliste lui-même...* — *Dans l'appréciation d'une réponse, les tribunaux sont fondés à prendre en considération la nature et la forme de l'attaque, les besoins de la défense et la légitime susceptibilité de la personne désignée. Des vivacités de langage, même blessantes, peuvent être justifiées par l'agression,* surtout lorsque celle-ci est injurieuse (2). »

7. — «... Les termes de l'article 13 de la loi du 29 juillet 1881 sont généraux et absolus. Ils donnent à toute personne *nommée ou désignée* dans un article de journal le

---

(1) Crim. cass., 12 juillet 1884 ; Sirey, 1885, I, 397.
(2) Crim. rej., 6 février 1886 ; Sirey, 1888, I, 281.

droit d'y répondre et d'exiger l'insertion de sa réponse. C'est à celui qui exerce ce droit qu'il appartient de régler la forme et la teneur de la réponse, sans avoir à subir le contrôle du journaliste. *Il n'appartient aux tribunaux de limiter l'exercice de ce droit qu'autant que les termes de la réponse sont contraires aux lois ou aux bonnes mœurs, à l'intérêt légitime des tiers, à l'honneur ou à la considé- ration du journaliste* auquel cette réponse est adressée. » — *La réponse de la personne nommée ou désignée dans un article de journal constitue un ensemble indivi- sible. Il n'appartient pas au journaliste de diviser et de scinder la réponse qui lui est adressée, pour n'en insé- rer que des extraits,* et cette insertion partielle *ne satis- fait pas aux prescriptions de l'article 13 de la loi du 29 juillet 1881* (1). »

8. — «... L'art. 13 de la loi du 29 juillet 1881, par la géné- ralité de ses termes, s'applique aussi bien aux *fonction- naires publics* qu'à tous les autres citoyens. *Le droit de réponse,* conféré par cet article à toute personne nommée ou désignée dans un journal, *entraîne nécessairement le droit de répliquer aux observations qui peuvent accom- pagner une réponse régulièrement insérée.* S'il en était autrement, cette disposition de la loi serait illusoire, et l'intérêt de la défense auquel elle a pour but de pourvoir, insuffisamment protégé. D'ailleurs, c'est à bon droit que le journaliste a été condamné à insérer la nouvelle ré- ponse du plaignant, bien que d'autres réponses aient déjà été publiées, *si le plaignant, dans cette réponse, dont l'insertion a été refusée, ne porte atteinte ni à la loi,*

---

(1) Crim. cass., 14 mai 1887 ; Sirey, 1888, i, 281.

ni aux bonnes mœurs, ni à l'honneur du journaliste,
ni à l'intérêt des tiers étrangers aux débats, et s'il n'y
a pas ainsi excédé la juste mesure et les besoins légi-
times de sa défense (1). »

9. — «... Le droit consacré par l'article 13 de la loi du
29 juillet 1881 est général et absolu. Il appartient à celui
qui en use de régler la forme et la teneur de sa réponse,
sans avoir à subir le contrôle du journaliste. *Les tribu-*
naux ne doivent limiter l'exercice de ce droit qu'autant
que les termes de la réponse sont contraires aux lois
et aux bonnes mœurs, à l'intérêt légitime des tiers, et
à l'honneur ou à la considération du journaliste lui-
même. Dans l'appréciation d'une réponse, les juges
sont fondés à prendre en considération la nature et la
forme de l'attaque, les besoins de la défense et la juste
susceptibilité de la personne nommée ou désignée (2). »

10. — «... L'article 13 de la loi du 29 juillet 1881, par la
généralité de ses termes, s'applique aussi bien aux *fonc-*
tionnaires publics qu'à tous les autres citoyens. *Si l'ar-*
ticle 13 confère aux dépositaires de l'autorité publique
la faculté de faire insérer dans un journal, en tête du
plus prochain numéro, *des rectifications au sujet des actes*
de leurs fonctions qui auraient été inexactement rapportés, sous peine d'une amende de 100 à 1.000 francs, *cette*
disposition ne les exclut pas du bénéfice du droit plus
large ouvert par l'article 13, sous d'autres conditions
et sous une pénalité différente, à toutes les personnes,
sans exception, qui sont nommées ou désignées dans un

___

(1) Crim. rej., 21 fév. 1889.
(2) Crim. rej., 8 mai 1890; Dalloz, 1890, i, 452.

journal, pas plus qu'elle ne saurait les priver, le cas échéant, du droit de réclamer, s'il y avait lieu, les dommages-intérêts réservés par le même article. *Ce double droit de rectification officielle et de réponse* était reconnu aux fonctionnaires publics antérieurement à la loi du 29 juillet 1881. *Si cette loi a restreint, dans son article 12, le droit de communication officielle, elle a maintenu, au contraire, dans l'article 13 le droit de réponse dans les termes mêmes dans lesquels il avait été formulé par la législation antérieure.* Elle lui a donc conservé la même généralité et la même étendue. Pour exclure, par une interprétation nouvelle, les dépositaires de l'autorité publique du bénéfice de ces dispositions, il faudrait qu'il y eût dans cet article une restriction qui n'existe pas (1). »

11. — « Outre le droit qui, aux termes de l'article 12 de la loi du 29 juillet 1881, appartient aux dépositaires de l'autorité publique de faire insérer dans les journaux des rectifications au sujet des actes de leurs fonctions, *ils ont, comme toute personne nommée ou désignée dans un journal, le droit de réponse consacré par l'article 13 de la même loi* (2). »

---

(1) Crim. rej., 10 avril 1891 ; *Bull. crim. cass.*, 1891, n° 80.
(2) Crim. rej., 18 juillet 1896 ; Dalloz, 1897, II, 55.

CHAPITRE II

———

I. — **Enumération et qualification.**

A. — *Des différentes catégories de personnes à qui la loi accorde le droit de réponse :*

α. — Les fonctionnaires, à propos des actes de leurs fonctions ;

ϐ. — Les particuliers ;

γ. — Les héritiers vivants de toute personne nommée ou désignée dans un journal ou écrit périodique.

B. — *Des différentes circonstances où il intervient :*

α. — Du droit de réponse en matière de critique littéraire, théâtrale, artistique ou scientifique.

II. — **Des restrictions que ne l'empêche pas de comporter son caractère général et absolu. — Des conditions nécessaires à son exercice.**

———

I. — ÉNUMÉRATION ET QUALIFICATION.

A. — Des différentes personnes a qui la loi accorde
le droit de réponse :

α. — Les fonctionnaires à propos des actes de leurs fonctions.

Les diverses lois françaises qui ont reconnu et réglementé le droit de réponse, sont presque unanimes à accorder l'exercice de ce droit à deux catégories de personnes bien distinctes : les dépositaires de l'autorité publique et les particuliers.

Une des exceptions à cette quasi unanimité est celle qui résulte de la première loi qui s'occupa du droit de réponse en France, celle du 9 juin 1819. — Cette loi, nous l'avons vu, inaugure le droit de réponse, mais pour ne l'accorder qu'au gouvernement seul ; les particuliers ne pouvaient, sous son empire, saisir la justice que s'ils avaient été diffamés. — C'est le développement de cette idée qui a produit le *communiqué* du décret du 17 février 1852.

En ce qui touche au droit de réponse des « dépositaires de l'autorité publique, » c'est-à-dire des fonctionnaires, il faut distinguer entre :

1° Les communiqués officiels ;

2° Les rectifications proprement dites.

1° COMMUNIQUÉS OFFICIELS. — Les communiqués officiels, dont l'insertion était rendue obligatoire par l'article 13 de la loi du 27 juillet 1849 et l'article 19 du décret sur la presse du 17 février 1852, avaient pour objet de faire connaître au public, non seulement « les réponses et rectifications » des dépositaires de l'autorité publique, mais encore, aux termes de la loi, « tous les documents officiels, relations authentiques, renseignements adressés par tout dépositaire de l'autorité publique. »

Nous avons même vu que, précédemment à ces textes, la première loi, non pas qui consacrât précisément, mais qui impliquât le droit de réponse pour le gouvernement et les dépositaires de l'autorité publique, celle du 9 juin 1819, sous-entendait les réponses et rectifications, pour ne parler que des « publications officielles. »

L'insertion devait être :

Aux termes de la loi du 9 juin 1819 (art. 8) : payante pour le tout ;

Aux termes de la loi du 27 juillet 1849 (art. 13) : « gratuite pour les réponses et rectifications prévues par l'article 11 de la loi du 25 mars 1822, lorsqu'elles ne dépasseront pas le double de la longueur des articles qui les auront provoquées ; dans le cas contraire, le prix d'insertion sera dû pour le surplus seulement ; — faite le lendemain de la réception des pièces ; »

Aux termes du décret du 17 février 1852 (art. 19) : gratuite purement et simplement, ce qui impliquait que l'insertion gratuite devenait dès lors obligatoire pour les réponses ou rectifications même qui dépasseraient le double de la longueur de l'article qui les aurait provoquées ; — faites dans « le plus prochain numéro qui paraîtra après la réception des pièces. »

Ce redoublement de sévérité se retrouvait aussi d'ailleurs dans les peines édictées par le décret, qui portait l'amende, prévue par la loi en cas de refus d'insertion par le gérant, entre les limites de cinquante à cent francs, à une somme variant entre cinquante et mille francs, en ajoutant cette disposition :

« En outre le journal pourra être suspendu par voie administrative pendant 15 jours au plus, » qui devait être modifiée par l'article 16 de la loi du 11 mai 1868, § 2, dans les termes suivants : « La suspension, dans le cas prévu par l'article 19 du décret du 17 février 1852, ne pourra être prononcée que par l'autorité judiciaire. »

Quant à la publication des « documents officiels, relations authentiques, renseignements, » d'astreinte qu'elle était en tout état de cause au paiement des frais d'insertion, aux termes de l'article 13 de la loi du 27 juillet 1849, elle devenait également gratuite aux termes de notre décret.

Ces communiqués furent, sous l'Empire, l'occasion de nombreux abus ; ils ont disparu de la législation actuelle.

2° RECTIFICATION PROPREMENT DITE. — La loi du 29 juillet 1881 (art. 12) n'accorde plus qu'un droit de *rectification* aux fonctionnaires *au sujet des actes de leur fonction.*

On remarquera qu'il ne s'agit pas ici d'un droit identique à celui que l'article 13 de la même loi accorde aux particuliers ; ceux-ci, en effet, peuvent, aux termes de cet article, répondre dès qu'ils ont été nommés ou désignés ; les fonctionnaires, au contraire, ne peuvent, en tant que fonctionnaires, répondre que si un fait inexact a été allégué dans un journal ou écrit périodique à *raison d'actes de leurs fonctions ;* quand il s'agit pour eux de rectifier des assertions étrangères aux actes de leurs fonctions, ils sont, au point de vue de l'exercice du droit de réponse, considérés comme simples particuliers et régis, par conséquent, par les dispositions de l'article 13. C'est ce qui ressort très nettement de ce passage du rapport de M. Lisbonne : « Votre Commission a pensé qu'il y avait lieu de poser des règles différentes quand il s'agit des rectifications réclamées par l'autorité publique et quand il s'agit de celles réclamées par les particuliers *ou par les fonctionnaires* dont les réclamations n'auraient pas pour objet des actes de leur fonction. »

L'article 12, en effet, qui a restreint le droit de communication officielle, n'exclut pas les fonctionnaires du bénéfice du droit plus large ouvert par l'article 13, sous d'autres conditions et sous une pénalité différente, à toutes les personnes, sans exception, qui sont nommées ou désignées dans un journal.

C'est ce qu'ont décidé, entre autres, trois arrêts de la

Cour de cassation, en date des 21 février 1889 (1), 10 avril 1891 (2) et 18 juillet 1896 (3), tous cités au chapitre Ier.

Mais il importe de savoir quelles sont exactement les personnes que la loi désigne sous l'expression de « dépositaires de l'autorité publique. »

Sous l'empire du décret du 17 février 1852 qui accordait aax dépositaires de l'autorité publique, en outre du droit de rectification, le droit d'exiger l'insertion de leurs communiqués, il avait été jugé que cette expression comprenait tant les fonctionnaires de l'ordre judiciaire que ceux de l'ordre administratif (Crim. cass., 14 mai 1869, Dall. 69, 1, 310), et que les maires étaient au nombre des fonctionnaires visés par le décret (Crim. cass., 20 nov. 1879, Dall. 81, 1, 391).

M. Lisbonne, dans son rapport, dit, à ce sujet, que l'article 12 entend viser « tout dépositaire de l'autorité publique, dans le sens juridique de l'expression, » ce qui équivaut à accorder le droit de rectification, quel que soit l'ordre et le degré de leurs fonctions, à tous ceux qui peuvent légalement se prévaloir de cette qualification.

La liste à dresser n'est donc pas moins longue aujourd'hui qu'elle l'était sous l'empire du décret de 1852 ; mais l'interprétation qui pouvait paraître trop large quand il s'agissait du droit d'adresser aux journaux des communiqués, ne semble plus rien avoir d'excessif aujourd'hui qu'il n'est plus question que d'exercer un simple droit de rectification.

L'article 31 de la loi de 1881 comprend d'ailleurs l'énu-

---

(1) Crim. rej., 21 fév. 1889.
(2) Crim. rej., 18 avril 1891; *Bull. crim. cass.*, 1891, n° 80.
(3) Crim. rej., 18 juil. 1896; Dall. P., 1897, ıı, 1, 55.

mération des fonctionnaires publics et agents ou dépositaires de l'autorité publique.

L'article 12, selon M. Lisbonne, dans son rapport,
« abroge le *communiqué* inauguré par l'article 19 du décret du 17 février 1852, en n'autorisant le droit de réponse
de la part des fonctionnaires publics que lorsqu'il s'agit
de faire justice d'une assertion inexacte se rapportant à
la fonction. »

En analysant le texte de cet article, on est amené à reconnaître que, pour que l'insertion soit obligatoire, il faut :

1° Que la réponse émane d'un dépositaire de l'autorité
publique ;

2° Qu'elle ait le caractère d'un simple redressement de
faits allégués ;

3° Qu'elle soit motivée par des assertions relatives aux
actes de la fonction. — A la différence de ce que l'art. 13
décide pour les particuliers, l'art. 12 n'exige, en effet,
pas que le fonctionnaire public ait été nommé ou désigné
dans le journal ou écrit périodique ; il suffit, pour ouvrir
au profit du fonctionnaire public le droit à l'insertion
d'une rectification, que le journal ait simplement visé un
acte de la fonction ;

4° Que les actes de la fonction aient été *inexactement
rapportés*, c'est-à-dire qu'il s'agisse d'une inexactitude de
fait et non d'une divergence d'appréciation ;

5° Que les rectifications ne dépassent pas le double de
l'article auquel elles répondront. — D'après le projet de la
Commission, l'étendue de la rectification était illimitée.
Aux termes d'un amendement de M. Lockroy, adopté par
la Chambre des députés dans la séance du 14 février 1881,

l'étendue de la rectification était limitée au *triple* de l'article qui l'aurait provoquée.

Mais, adoptant les conclusions du rapport de M. Pelletan, le Sénat réduisit du triple au *double* l'étendue de la rectification.

Ce n'était toutefois pas là, malgré ce que paraissait penser le rapporteur lui-même, assimiler exactement le « droit du particulier au droit de l'autorité. » L'égalité du fonctionnaire et du particulier reste, en effet, relative malgré cette disposition, puisqu'elle cesse toujours d'exister à partir du moment où, ayant usé tous deux de leur droit semblable de faire insérer gratuitement une rectification ou une réponse égale en étendue au double de l'article qui l'a provoquée, le fonctionnaire est allé jusqu'à l'extrême limite de son droit, tandis que le particulier conserve encore celui d'exiger du gérant, sous la seule condition du paiement au taux des annonces, l'insertion d'un supplément de réponse illimité.

Il paraît, en effet, aux termes de l'article 12, évident que, quand bien même un fonctionnaire qui n'aurait pas pu ou pas voulu contenir les termes de sa rectification dans les limites strictement assignées par la loi, offrirait au gérant du journal en cause de payer les frais de la partie de cette rectification excédant le double, ledit gérant serait fondé à refuser, avec cette offre, l'insertion demandée.

M. Barbier, dans son commentaire de la loi de 1881 (1), émet même l'opinion que, dans le cas où la rectification présentée dépasse la quotité du double, le gérant n'est

---

(1) V. Barbier, *Code expliqué de la presse.* Paris, Marchal et Billard, 1887.

pas tenu d'en insérer même une partie d'une étendue conforme aux exigences de la loi. Il fait remarquer avec juste raison qu'une rectification ainsi tronquée ne saurait d'ailleurs donner satisfaction au fonctionnaire qui en aurait requis l'insertion totale.

En ce qui concerne la question de savoir comment doit s'apprécier l'étendue de la rectification, il paraît logique d'admettre, quoique la loi soit muette sur ce point, que la quotité du double doit être déterminée plutôt d'après la *partie* de l'article rapportant le fait inexact, que d'après l'étendue totale de cet article.

Et quand il s'agira pour le gérant de se rendre compte si le texte de la rectification qui lui a été remise à fin d'insertion dépasse ou non le double de l'article ou de la partie de l'article à rectifier, le meilleur et le plus prudent sera pour lui d'établir une comparaison entre le nombre des lettres qui entrent respectivement dans l'article et dans la rectification.

La rectification doit être faite, non pas à la même place que l'article qui l'a provoquée, comme le veut la loi quand elle réglemente (art. 13) les conditions de l'exercice du droit de réponse des particuliers, mais *en tête* du journal. Le garde des sceaux, dans sa circulaire du 9 novembre 1881, recommande aux officiers du parquet de veiller à l'observation de cette prescription.

L'insertion de la rectification doit-elle être faite, comme le pensent certains auteurs (1), en « caractères usités à la première page du journal ; » ou, comme l'enseigne M. Dutruc, en tels caractères que le gérant juge convenables ; ou

_____

(1) MM. Faivre et Benoît-Lévy.

enfin, comme l'entend M. Barbier, et comme il est dit dans la loi en ce qui concerne l'exercice du droit de réponse des particuliers (art. 13), en mêmes caractères que l'article qui y a donné lieu ? Nous adoptons pour notre part, sans hésitation, cette dernière opinion, persuadé, en présence des termes du rapport au Sénat de M. Pelletan, qui déclare qu'on a voulu *assimiler le droit de l'autorité publique à celui des particuliers*, que le législateur n'a certainement pas entendu refuser aux fonctionnaires publics un droit qu'il accorde expressément dans l'article 13 aux particuliers.

A défaut même de cet argument, il nous paraît que le droit de réponse, qui n'est en somme que le droit de légitime défense, envisagé dans une de ses multiples applications, resterait sans utilité pour ceux qui peuvent être appelés à l'exercer, si ceux-ci ne se trouvaient pas assurés d'être placés dans une condition d'égalité absolue par rapport au provocateur.

Et d'ailleurs, en accordant aux fonctionnaires publics le droit d'exiger l'insertion d'une rectification d'une étendue double de celle de l'article incriminé, le législateur n'a certainement pas voulu seulement que cette rectification contînt un nombre de lettres double de celui de cet article ; il a évidemment entendu accorder dans le journal en cause, à l'auteur de la réponse, une surface de papier double de celle qu'y occupait l'article ou la partie d'article à laquelle il prétend répondre : autant dire par conséquent que l'aspect extérieur de la rectification doit être identique à celui de l'article originaire doublé, c'est-à-dire que les caractères employés, entre autres, doivent être les mêmes.

Le fondement du droit de réponse résidant, comme

nous l'avons dit, et comme nous le répétons avec les mêmes restrictions, dans une sorte de peine, cette peine ne sera véritablement efficace que si elle permet d'atteindre le journaliste avec des armes aussi puissantes pour le moins que celles dont il s'est servi pour frapper.

Le droit pour le fonctionnaire d'exiger que sa rectification soit composée en caractères typographiques identiquement semblables à ceux de l'article qui y a donné lieu, semble d'ailleurs avoir été reconnu de tous temps (1).

L'insertion doit être faite dans *le plus prochain numéro*, c'est-à-dire dans le premier numéro qui paraît après la réception de la rectification.

Toute infraction aux dispositions de l'article 12 est punie d'une amende de 100 francs à 1.000 francs, qui est prononcée par les tribunaux correctionnels.

Considérée comme contravention, sous l'empire de l'article 19 du décret du 17 février 1852 (2), l'infraction aux dispositions de l'article 12 a conservé le même caractère sous l'empire de la loi de 1881 qui, en supprimant les communiqués, a considérablement limité le droit de réponse des représentants de l'autorité. Sous le régime des communiqués, en effet, la seule question qui fût soumise à l'appréciation du gérant était celle de savoir si l'insertion requise réunissait bien les caractères d'un véritable communiqué ; c'était le seul cas où il pouvait refuser l'insertion sans commettre d'infraction ; le gérant peut, au contraire, aujourd'hui, sans commettre aucune infraction, refuser d'insérer la réponse à lui adressée par un dépo-

(1) V. circulaire ministérielle du 30 mars 1852, Dall. 53, iii, 44.
(2) Crim. cass., 5 août 1853, Dall. 53, i, 240.

sitaire de l'autorité publique, dans les cas suivants, déjà examinés précédemment :

1° Si cette réponse n'a pas le caractère d'une *rectification* ;

2° Si elle n'a pas trait à des *actes de la fonction* ;

3° Si les actes de la fonction n'ont pas été, en effet, *inexactement* rapportés ;

4° Si la rectification dépasse le *double* de l'article.

Mais il n'en résulte nullement, comme on a cru pouvoir le prétendre, que l'infraction en ait pour autant changé de caractère, car rien n'indique dans la loi de 1881 davantage que dans le décret de 1852 que l'intention de nuire et la mauvaise foi soient des éléments constitutifs de cette infraction ; tout au plus pourrait-on dire que les conditions requises pour qu'elle existe ont été modifiées (1).

C'est donc en vain que le gérant invoquerait sa bonne foi et l'absence d'intention de nuire pour justifier un refus d'insertion, ou une insertion tronquée, ou un retard apporté à l'insertion.

Les tribunaux judiciaires sont, nous venons de le voir,

_____

(1) Quand nous disons que l'infraction aux dispositions de l'article 12 constitue une contravention, nous n'employons pas le terme rigoureusement exact ; c'est *délit-contravention* que nous devrions dire ; aux termes de l'article 1er du Code pénal, le mot de contravention ne désigne en effet que les infractions punies de peines de simple police ; mais, aux trois catégories d'infractions prévues par cet article, et qualifiées respectivement : crimes-délits-contraventions, diverses lois, et notamment la loi sur la presse, ont ajouté une quatrième catégorie d'infractions qui, quoique punies de peines correctionnelles, sont cependant désignées sous le nom de contraventions, parce que, semblablement aux contraventions de simple police, elles consistent uniquement dans la violation d'une formalité ou d'une interdiction édictées par la loi, indépendamment de tout élément de mauvaise foi et de toute intention de nuire.

compétents pour vérifier, en cas de refus d'insertion de la part du gérant :

1° Si la rectification émane bien d'un dépositaire de l'autorité ;

2° Si elle a trait à des assertions relatives aux actes de la fonction ;

3° Si elle présente bien les caractères d'une rectification ;

4° Si elle ne dépasse pas le double de l'article à rectifier.

Ils peuvent donc se prononcer sur ces diverses questions. Mais il importe de remarquer que, n'ayant pas à interpréter ou critiquer l'acte administratif, dont, par application du principe de la séparation des pouvoirs administratif et judiciaire, l'appréciation leur échappe, ils deviennent incompétents *ratione materiæ* pour apprécier la question de savoir si la rectification est conçue en termes de nature à justifier le refus d'insertion ; dans le cas où le gérant invoquerait un moyen de défense tiré de ce motif, ils ne pourraient que surseoir à statuer pour lui permettre de soumettre l'acte administratif à l'administration supérieure.

6. — Les particuliers.

D'une façon générale, on peut dire que le terme *particuliers* vise toutes les personnes, individus ou êtres moraux ayant une existence juridique, qui ne figurent pas au nombre des corps et des personnes qualifiés et énumérés par l'article 31 de la loi de 1881. Notons seulement que les fonctionnaires et autres personnes agissant dans un caractère public, que vise l'article 31, rentrent, au point de vue de l'exercice éventuel du droit de réponse, dans la classe des simples particuliers, quand l'article où ils ont été nommés ou désignés, n'est pas relatif à *leurs fonctions ou à leur qualité*.

Au nombre des *particuliers* il faut comprendre :

1° Toute personne nommée ou désignée ;

2° Les dépositaires de l'autorité publique ;

3° Les héritiers de toute personne nommée ou désignée ;

4° Les personnes morales ;

5° Les gérants et journalistes.

1. — Toute personne nommée ou désignée.

Il résulte des termes mêmes de la loi que l'exercice du droit de réponse n'est pas subordonné à cette condition que la personne aura été nommée ; il suffit qu'elle ait été désignée d'une façon suffisamment claire pour avoir pu se reconnaitre facilement et incontestablement. C'est aux tribunaux qu'il appartient de décider si la désignation est, ou non, suffisamment claire, et la Cour de cassation a décidé par un arrêt en date du 29 novembre 1872 (1), que leur décision à cet égard est souveraine.

2. — Les dépositaires de l'autorité publique.

On lit dans le rapport de M. Lisbonne :

« Votre Commission a pensé qu'il y avait lieu de poser des règles différentes, quand il s'agit des rectifications réclamées par l'autorité publique, ét quand il s'agit de celles réclamées par *les particuliers ou par les fonctionnaires dont les réclamations n'auraient pas pour objet des actes de leur fonction*. »

---

(1) V. *Bull. crim. Cass.*

C'est dire on ne peut plus clairement que le double droit de rectification (art. 12) et de réponse (art. 13) appartient aux dépositaires de l'autorité publique suivant qu'ils sont considérés comme tels, ou comme simples particuliers ; cette manière de voir a d'ailleurs été consacrée par plusieurs arrêts de la Cour de cassation, dont deux sont cités au paragraphe précédent du présent chapitre.

Mais il nous paraît évident qu'un fonctionnaire public, agissant en rectification d'actes de sa fonction, ne pourrait, en admettant même qu'il fût suffisamment désigné, user à *son choix*, soit du bénéfice de l'article 12, soit du bénéfice de l'art. 13. — Les explications fournies par M. Lisbonne dans son rapport sont trop nettes pour laisser place à aucun doute sur ce point, et il est constant d'autre part que les dispositions de l'art. 13 visent exclusivement les personnes ayant agi dans un caractère privé.

3. — Les héritiers de toute personne nommée ou désignée.

En ce qui les concerne, nous renvoyons au paragraphe suivant du présent chapitre.

4. — Les personnes morales.

Le droit de réponse est généralement reconnu aux personnes morales. D'après M. de Grattier (1) la réponse peut, dans ce cas, « être adressée : soit par le chef de l'administration, du corps, etc., ou par les membres qui le composent. »

S'il s'agit d'une personne morale pouvant recevoir la qualification de dépositaire de l'autorité publique, et agissant en rectification d'assertions *relatives aux actes de sa*

---

(1) De Grattier, *Commentaire des lois sur la presse*, 1839, t. II, p. 102.

fonction, il y aura lieu à l'application de l'article 12 et non de l'article 13.

5. — Les gérants et journalistes.

Plusieurs jugements et arrêts ont décidé que la faculté qu'a le gérant ou le journaliste de répondre dans son journal ne le prive pas du droit, qui appartient à toute personne désignée dans une feuille publique, de faire insérer sa réponse dans cette feuille (1).

Citons entre autres un arrêt de la Cour de Paris, en date du 16 août 1883, qui décide qu'on ne saurait opposer à un journaliste sa qualité, pour refuser d'insérer la réponse requise par lui à l'article d'un journal dans lequel il est désigné (2).

Les auteurs se divisent sur la question de savoir s'il faut, pour que le *gérant* d'un journal puisse user du droit de réponse, qu'il ait été personnellement nommé ou désigné, ou s'il suffit que le journal auquel il appartient, considéré comme être collectif, ait été clairement désigné.

Les uns (MM. de Grattier et Barbier, *op. cit.*) se rangent à ce dernier avis.

L'autre (M. Chassan) (3) estime que « le droit de réponse, s'il appartient à la personne du rédacteur ou du gérant personnellement désigné, ne compte pas au journal comme être intellectuel ou industriel. »

Nous ne pouvons, pour notre part, admettre que le journal, considéré comme être intellectuel ou industriel, ne

---

(1) Douai, 16 juin 1845, D. P., 1848, ii, 11.

(2) Recueil des *Lois nouvelles*, 1883, 3ᵉ partie, p. 133, n° 276.

(3) *Traité des délits et contraventions de la parole, de l'écriture et de la presse*, par M. Chassan, 2ᵉ édit., 1846, t. i, n° 950.

jouisse pas, en la personne de son gérant, du droit de réponse, au même titre que tout être moral, tel qu'une administration, une association, et que le gérant reste désarmé en présence d'un article injurieux pour la feuille imprimée sous sa responsabilité, et prise à partie comme entité.

Quant aux *rédacteurs* du journal, il reste hors de doute que l'exercice du droit de réponse ne leur est ouvert que lorsqu'ils ont été nommés ou désignés ; ils n'ont, en aucun cas, qualité pour répondre au nom du journal.

Celui qui exerce le droit de réponse étant, aux termes d'une formule consacrée par un grand nombre d'arrêts de la Cour de cassation, seul juge de l'étendue, de la forme et de la teneur de sa réponse, il en résulte qu'en principe la réponse doit être insérée intégralement et, telle, exactement, qu'elle a été rédigée par son auteur.

Il n'est pas douteux, néanmoins, que le gérant peut légitimement refuser d'insérer la réponse qui lui est adressée, toutes les fois qu'elle est, soit contraire aux lois, soit de nature à porter atteinte à la morale publique, à l'intérêt des tiers ou à l'honneur du journaliste ; ce sont là quatre exceptions bien tranchées, dont la Cour de cassation n'a jamais cessé de reconnaître la validité. Insistons sur ce point qu'aux termes d'une jurisprudence également invariable, le droit du gérant va certainement dans chacun de ces quatre cas, jusqu'à pouvoir refuser purement et simplement l'insertion, sans que rien l'oblige à publier les passages de la réponse qui seraient conçus dans des termes conformes aux exigences de la loi (1).

_____

(1) Par exemple : Crim. cass., 17 août 1883, *Recueil des lois nouvelles*, 1883, 3ᵉ partie, p. 117, nº 249.

Par arrêté du 26 mars 1841 (Dall. V° *Presse, outrage, publication*, 334, 2), la Cour de cassation a de même déclaré que le gérant n'a pas le droit de scinder la réponse dont l'insertion intégrale lui est demandée, en se constituant juge de l'*utilité* ou de l'*inutilité* de certains passages, et que les tribunaux ne peuvent valider un refus partiel d'insertion, sous prétexte que les parties supprimées ne constituent pas une réponse à la publication de l'article provocateur.

Le principe qui a, nous semble-t-il, inspiré dans les deux cas précédents la jurisprudence de la Cour de cassation est celui-ci, à savoir que la réponse forme le plus souvent un ensemble indivisible, et impossible à scinder sans le dénaturer ; — aucune disposition de loi n'autorisant d'ailleurs le gérant à diviser ou morceler la réponse qui lui est adressée à fin d'insertion, celui-ci n'a donc que le choix d'accorder sans restriction cette insertion, ou de la refuser purement et simplement, sous réserve, dans cette dernière hypothèse, du contrôle des tribunaux.

La loi étant muette sur la question de savoir dans quelles formes doit s'opérer la constatation de la remise de la réponse, l'usage veut que cette remise soit, le plus souvent, constatée par un exploit d'huissier contenant sommation d'insérer ; mais, cette manière de procéder n'ayant rien d'obligatoire, cette même remise peut être aussi valablement constatée par tout autre moyen, tel que récépissé délivré par le gérant ou, ce qui revient indirectement au même, récépissé de lettre recommandée, par exemple.

Mais rien, aux termes de la loi actuelle, n'oblige le gérant à délivrer un récépissé au porteur de la réponse, ni même à donner décharge à l'agent des postes d'une lettre recommandée ; rien non plus, d'autre que le souci de son intérêt n'oblige l'auteur de la réponse ni à en faire constater la remise par exploit d'huissier, ni à en réclamer un récépissé, ni à l'adresser par lettre recommandée ; de sorte qu'au cas d'imprévoyance de la part de ce dernier, ou de mauvaise volonté de la part du gérant, une preuve écrite de la remise de la réponse pourra se trouver faire défaut, et le gérant pourra par suite se trouver tenté de nier avoir reçu une réponse qui lui est en réalité parvenue, ce qui pourra donner lieu à de grandes difficultés, et, ce qui est plus grave encore en l'espèce, à des retards.

C'est à ces inconvénients que tend à remédier une proposition de loi modificative de l'article 13 — entre autres — de la loi de 1881, votée par la Chambre des députés le 31 mars 1898 sur l'initiative de M. Flandin.

Elle dispose que : « Le gérant sera tenu d'insérer, dans les trois jours de sa réception *constatée par exploit d'huissier ou par récépissé qui ne pourra être refusé à l'agent des postes ou au porteur* la réponse, etc., » ce qui équivaut à consacrer par un texte de loi, et à rendre essentiel l'emploi des procédés actuellement en usage et que nous avons énumérés.

Cette disposition nouvelle aurait en effet pour heureux effet, si elle était votée par le Sénat qui n'a pas encore eu à se prononcer sur son compte, de supprimer la grave difficulté qui se présente, comme nous venons de le faire remarquer, sous l'empire de la loi actuelle, dans le cas où, une preuve écrite faisant défaut, le gérant nie avoir reçu une réponse qui lui est en réalité parvenue.

Le gérant, aux termes de l'article 13, est tenu d'insérer

les réponses « *dans les trois jours de leur réception* ou *dans le plus prochain numéro*, s'il n'en était pas publié avant l'expiration de trois jours. »

Le délai de trois jours ne doit pas être entendu comme un délai de trois jours *francs* ; la formule employée par la loi « *dans* les trois jours, » indique manifestement qu'au compte des trois jours doivent figurer le jour de la réception de la réponse et le jour de l'insertion, ce qui revient à dire qu'une réponse reçue le 1er du mois doit être insérée au plus tard le 3.

S'il s'agit d'un journal hebdomadaire, bi-mensuel ou mensuel, et que ce journal se trouve ne pas paraître avant l'expiration des trois jours à dater de la réception de la réponse, celle-ci devra être insérée dans son plus prochain numéro ; aucune difficulté ne saurait se présenter dans ce cas, pas plus que dans celui où ce journal doit paraître justement le surlendemain de la date de la réception de la réponse.

Mais que décider dans le cas où ce journal publie un numéro le jour même ou le lendemain de la réception de la réponse ? Doit-il l'insérer dans ce numéro ? Bien que cette obligation paraisse de nature à le priver, plus ou moins complètement, suivant les circonstances, du délai de trois jours accordé par la loi, la jurisprudence et la doctrine sont d'accord pour la lui imposer.

La Cour de cassation a, en effet, décidé que le délai de trois jours ne profite en principe qu'aux journaux quotidiens, et que les journaux hebdomadaires ou mensuels ne peuvent se prévaloir de ce délai pour différer, à la semaine suivante ou au mois suivant, l'insertion d'une réponse qui leur parvient la veille du jour ou le jour même où ils publient un numéro (1).

MM. Barbier (op. cit., t. ɪ, n° 152) ; Dutruc (op. cit., n° 79) et Faivre et Benoit-Lévy (op. cit., p. 68) professent une opinion analogue.

Quant à la *place* et aux *caractères* de l'insertion, l'article 13 déclare expressément que celle-ci doit être faite à la *même place* et en *mêmes caractères* que l'article qui l'a provoquée ; c'est établir l'égalité complète entre l'attaque et la défense.

Si l'étendue de la réponse du particulier dépasse, comme la loi le permet, le double de la longueur de l'article qui l'a provoquée, le surplus ne jouit plus du bénéfice de la gratuité ; le prix, à la charge de l'auteur de la réponse, en est calculé au prix des *annonces judiciaires*.

Sous l'empire de l'article 13 de la loi du 27 juillet 1849 le prix à payer pour l'insertion de la partie de la réponse excédant le double de l'article, était fixé au taux des annonces ordinaires ; il dépendait donc du journal de rendre très onéreux l'exercice du droit de réponse.

C'est pour obvier à cet inconvénient que la loi de 1881 a décidé que le prix de l'insertion, pour la partie excédant le double, serait calculé au taux des *annonces judiciaires*.

Mais il est permis de se demander si elle a complètement atteint son but, quand on remarque que le décret du gouvernement de la Défense nationale, du 26 décembre 1870, en abrogeant l'article 23 du décret organique sur la presse du 17 février 1852 qui attribuait aux préfets le pouvoir de

---

(1) Cass., 9 août 1872, Sir. 1873, ɪ, 181, et Cass., 9 août 1878, *Gazette des tribunaux*, 8 octobre 1878.

désigner ceux des journaux de son département dans lesquels devraient être faites, à peine de nullité, les annonces judiciaires, et lui donnait mission de régler en même temps le *tarif* de l'insertion de ces annonces, a rendu aux parties la faculté d'insérer les annonces judiciaires dans l'un, à leur choix, des journaux publiés dans le département, ce qui équivaut à dire que tout journal reste maitre de fixer le tarif desdites annonces, aussi bien que le tarif des annonces ordinaires, au taux qui lui convient, soit qu'il arrête d'avance un tarif fixe, soit qu'il se réserve le droit de traiter de gré à gré, à chaque occasion nouvelle, avec la partie intéressée.

En ce qui concerne la question de savoir si le gérant du journal peut exiger le paiement préalable du prix de l'insertion, les auteurs se divisent.

MM. de Grattier (t. ii, p. 352, vii), Chassan (t. v, n° 943), Dutruc (n° 70), et Faivre et Benoit-Lévy (page 68) enseignent l'affirmative. — Ils estiment qu'on ne saurait sans injustice exposer le journal aux chances d'insolvabilité de l'auteur de la réponse. — D'après MM. Faivre et Benoit-Lévy, « à défaut de consignation de cette somme, il (le gérant) devrait insérer la réponse depuis le commencement jusqu'à concurrence du double de la longueur de l'article, le reste de la réponse devant rester *sur le marbre* faute de consignation de somme suffisante. »

M. Barbier, au contraire (n° 155), estime, d'accord avec la jurisprudence, que la loi ne permet pas au gérant de refuser tout ou partie de l'insertion à défaut de consignation préalable ; il ajoute qu'en fait « les nombreuses contestations pouvant s'élever sur la longueur de la réponse et le prix de l'insertion pourraient retarder indéfiniment l'insertion de la réponse, qui, pour être efficace, doit avoir lieu dans le bref délai indiqué par la loi. »

Les infractions aux dispositions de l'article 13 sont des contraventions. — La peine est encourue indépendamment de tout élément de mauvaise foi et de toute intention de nuire, non seulement en cas de refus d'insertion, mais aussi en cas d'insertion irrégulière ou tardive.

Il est hors de doute que le ministère public, saisi d'une plainte à raison d'un refus d'insertion ou d'une insertion irrégulière, peut et doit poursuivre la contravention qui lui est ainsi signalée par l'auteur de la réponse.

Mais peut-il poursuivre d'office sans avoir reçu de plainte de la partie intéressée ?

M. Chassan (t. I, n° 958) fait remarquer très judicieusement qu'il est à craindre qu'une poursuite intempestive du ministère public ait pour principal résultat de mettre en lumière une réponse que son propre auteur aurait, après réflexion, jugé convenable de laisser tomber dans l'oubli — et nous estimons avec lui, malgré le silence de la loi, que le ministère public ne doit pas agir d'office en pareille circonstance.

Ainsi que le porte expressément l'article 45, c'est aux tribunaux correctionnels, que doivent être déférés, *ratione materiæ*, les infractions aux dispositions de l'article 13.

Ratione loci, il est de jurisprudence constante que, conformément à l'article 63 du Code d'instruction criminelle, la poursuite peut être portée, soit devant le tribunal du domicile du gérant, soit devant le tribunal du lieu du délit, c'est-à-dire devant tout tribunal dans le ressort duquel le journal est publié (1).

(1) Pau, 25 janv. 1883, *L. N.*, 1883, 3e part., p. 71, n° 121; sur pourvoi, Cass., 10 nov. 1883, *L. N.*, 1883, n° 135.

La contravention aux dispositions de l'article 13 est punie d'une amende de 50 à 500 francs ; — sans préjudice, ajoute cet article, des autres peines et dommages-intérêts auxquels la publication en cause pourrait donner lieu ; ce qui signifie d'une part que, si cette publication est injurieuse et diffamatoire, l'exercice de l'action en insertion forcée n'exclut pas l'auteur de la réponse de l'exercice de l'action en injure ou diffamation, et, d'autre part que le refus d'insertion peut donner lieu à des dommages-intérêts, s'il en résulte un préjudice pour l'auteur de la réponse.

Ces dommages-intérêts seront prononcés soit par le tribunal correctionnel, conjointement saisi de l'action publique et de l'action civile ; soit, au choix du demandeur, par le tribunal civil.

Ils consisteront le plus souvent, soit dans l'insertion de la réponse dans le journal qui l'a provoquée, ordonnée sous astreinte de tant par jour de retard ; soit dans l'insertion de cette même réponse et du jugement qui l'ordonne, dans d'autres journaux, aux frais du gérant.

Sous l'empire de l'ancienne législation des communiqués, une controverse s'élevait sur la question de savoir si, dans un cas semblable, un journal quelconque, étranger à l'instance, était tenu de procéder à l'insertion qui était ainsi requise de lui sous condition du paiement du prix.

Les partisans de l'affirmative soutenaient que les tribunaux étaient des dépositaires de l'autorité publique, leurs jugements des documents officiels, et que les journaux étaient tenus de les insérer comme tels quand ils en étaient requis (1).

_____

(1) Dans ce sens: Dalloz, *Presse*, 323, et un arrêt de la Cour de cassation du 13 août 1880, *Gaz. trib.* 14 août.

Les partisans de la négative faisaient au contraire observer que le journal est une propriété privée, dont les tribunaux ne sauraient disposer à leur gré, et ils ajoutaient qu'il était impossible d'assimiler un tribunal ordonnant l'insertion d'un jugement dans un intérêt privé à un dépositaire de l'autorité publique requérant l'insertion d'un document officiel (1).

En abrogeant l'article 19 du décret du 17 février 1852, la loi de 1881 a coupé court à toute controverse à ce sujet.

Il importe peu désormais de savoir si les tribunaux sont ou non des dépositaires de l'autorité publique et leurs jugements des documents officiels, puisque l'article 12 de notre loi n'accorde plus aux dépositaires de l'autorité publique qu'un droit de *rectification* à propos des actes de leur fonction inexactement rapportés.

Il est donc hors de doute que les journaux sont absolument libres d'insérer ou de refuser d'insérer les jugements auxquels ils ne sont pas partie, bien que l'insertion en ait été ordonnée par les tribunaux et que le prix leur en soit offert.

Aussi est-ce pour parer à cet inconvénient que les tribunaux ordonnent souvent *l'affiche*, aux frais du gérant, de la réponse, et du jugement qui en a reconnu le bien fondé.

Ils ont également recours à ce procédé dans les cas, assez fréquents, où, le journal provocateur ayant cessé de paraître, l'insertion est devenue impossible (2).

---

(1) Dans ce sens : Chassan, t. ɪ, nº 961, et un arrêt de la Cour de Douai du 9 août 1843, *Gaz. trib.* 7 septembre.

(2) V. un arrêt de la Cour de Metz du 23 mai 1850 (Dall. 51, ɪɪ, 55).

γ. — **Les héritiers vivants de toute personne nommée ou désignée dans un journal ou écrit périodique.**

Aux termes de l'article 34 de la loi de 1881, les héritiers vivants d'une personne nommée ou désignée dans un journal ou écrit périodique, dans les conditions prévues par l'article 13 de la même loi, pourront toujours user du droit de réponse prévu par ce même artiele 13.

La première partie de l'article 34 est ainsi conçue :

« Les articles 29, 30 et 31 ne seront applicables aux diffamations ou injures dirigées contre la mémoire des morts que dans le cas où ces diffamations ou injures auraient eu l'intention de porter atteinte à l'honneur ou à la considération des héritiers vivants ; . . . . »

Elle pose les deux principes suivants :

1º Les diffamations ou injures envers la mémoire des morts ne constituent point un délit ;

2º Quand ces diffamations sont dirigées contre la personne même des héritiers vivants, ceux-ci ont le droit de plainte qui appartient à toute personne injuriée ou diffamée, soit directement, soit indirectement.

Quant à la seconde partie de cet article 34, celle qui dispose que « les héritiers vivants pourront toujours user du droit de réponse prévu par l'article 13, » elle est interprétée dans deux sens opposés.

Un premier système admet que le mort continue à jouir dans la personne de ses héritiers du véritable droit de réponse qui lui appartenait de son vivant, et que, par conséquent, le mot « toujours » signifie que les héritiers pourront user de ce droit de réponse, *même lorsque les écrits ne constituent ni injure ni diffamation* (1).

Les résultats où conduirait cette manière d'interpréter la seconde partie de l'article 34 nous paraissent de nature à la faire repousser ; elle conduirait à légitimer une réponse d'un membre de la famille Bonaparte, chaque fois qu'un journal imprimerait le nom de Napoléon.

On voit l'importance de cette controverse au point de vue des droits de l'historien.

Un second système (2), — et c'est à notre avis le seul qui résiste à une comparaison du deuxième paragraphe de l'article 34 avec le premier — admet au contraire que, seuls, les héritiers d'un mort *diffamé ou injurié* pourront répondre, qu'ils aient d'ailleurs été ou non atteints personnellement à l'aide des diffamations ou injures dirigées contre leurs auteurs, et même en l'absence de tout délit, c'est-à-dire d'intention délictuelle de la part de l'auteur de l'article.

La question vient d'ailleurs d'être posée devant la Cour de cassation à propos de l'affaire de Bourmont contre Judet, et tranchée par elle dans un sens favorable au deuxième

_____

(1) MM. Faivre et Benoit-Lévy (p. 168). Mais il est juste d'ajouter que ces auteurs, après avoir donné cette interprétation, la font suivre de l'observation que voici : « Nous donnons cette interprétation parce que c'est celle qui paraît résulter nécessairement de l'emploi du mot « toujours. » *Mais nous ne l'approuvons pas*, et nous espérons que la jurisprudence saura limiter ce droit excessif qui entraverait et annihilerait la liberté de critique qui est l'apanage de l'historien. Nous ne pouvons trop engager les plaideurs et les magistrats à se bien pénétrer des paroles de M. Pelletan. Ils y trouveront certainement la preuve que le mot « toujours » a trahi la pensée de la Commission, de son rapporteur et du Parlement tout entier. » (P. 168 et 169).

(2) Dutruc, nº 250; Circulaire ministérielle du 9 novembre 1881.

système que nous venons d'exposer, dans un arrêt en date du jeudi 10 mai 1900.

Le jugement et les deux arrêts qui ont été rendus dans cette affaire, successivement par le tribunal correctionnel, la cour d'appel et la cour de cassation, présentent assez d'intérêt pour que nous croyions devoir l'analyser.

Dans le courant du mois de mars 1899, M. Judet publiait dans le *Petit Journal*, sous le titre « Les secrets militaires et l'espionnage, » une étude historique au cours de laquelle il fut amené à citer, à l'appui de la thèse qu'il soutenait, un passage de l'ouvrage de M. Henry Houssaye, sur Waterloo, où il est question du général « comte de Bourmont, passant à l'ennemi, au moment même où les avant-postes allaient être engagés. »

M. Louis de Bourmont, petit-fils et héritier du comte de Bourmont, tout en déclarant qu'il n'avait nullement la pensée de suspecter d'intention injurieuse ou diffamatoire la citation faite par l'auteur de l'étude, prétendit rectifier l'erreur qui était, disait-il, commise quand on représentait le comte de Bourmont comme « ayant passé à l'ennemi. »

En réalité, ajoutait-il, « il a passé à travers les lignes ennemies pour aller rejoindre à Gand le roi Louis XVIII. »

Et il discutait ce point d'histoire.

Le *Petit Journal* n'inséra pas la réponse.

Alors M. Louis de Bourmont assigna le gérant devant le tribunal correctionnel. Mais la 9e chambre rejeta sa demande.

Le plaignant s'était appuyé sur l'article 34 de la loi du 29 juillet sur la presse, ainsi conçu :

« Les articles 29, 30 et 31 ne seront applicables aux diffamations ou injures dirigées contre la mémoire des morts que dans les cas où les auteurs de ces diffamations ou injures auraient eu l'intention de porter atteinte à l'honneur ou à la considération des héritiers vivants ; ceux-ci pourront toujours user du droit de réponse prévu par l'article 13. »

Les juges correctionnels interprétèrent ce dernier paragraphe en ce sens qu'il n'était applicable qu'aux deux cas précisés dans l'article 34, c'est-à-dire au cas où il y avait eu diffamation ou injure, c'est-à-dire intention diffamatoire ou injurieuse soit pour le mort, soit pour ses héritiers.

Et comme, dans l'espèce, cette intention ne pouvait, de l'aveu même du plaignant, être attribuée à l'auteur de l'article incriminé, ils refusèrent d'ordonner l'insertion sollicitée.

Il y eut appel.

Et la chambre des appels correctionnels ne partagea pas le sentiment du tribunal de première instance.

Elle jugea que, même dans le cas où il n'y avait pas eu intention diffamatoire ou injurieuse pour le mort ou ses héritiers, le droit de réponse était acquis à ceux-ci, dans les termes généraux de l'article 13 de la loi, qui le confère à toute personne nommée ou désignée, même lorsqu'il n'y a eu ni diffamation ni injure.

Le gérant du *Petit Journal* fut condamné à 16 francs d'amende, à l'insertion de la réponse de M. Louis de Bourmont et à un franc de dommages-intérêts.

Le *Petit Journal* se pourvut en cassation contre cet arrêt.

La chambre criminelle de la Cour de cassation, présidée par M. Lœw, se trouva ainsi appelée le 4 mai dernier à procéder à l'examen de ce pourvoi.

Le conseiller Le Grix avait été chargé du rapport.

Après avoir analysé les thèses soutenues, soit à l'appui du pourvoi, dans le mémoire de M⁰ Devin, soit contre le pourvoi dans celui de M⁰ Sabatier, il se prononça pour la cassation.

Sa conclusion fut que le législateur, en disant que les héritiers du mort pourront *toujours* user du droit de réponse, n'a pas entendu donner à ce mot une extension générale, mais seulement viser les deux cas prévus par l'article 34.

Aller au-delà de ces deux cas, permettre à l'héritier d'un mort d'intervenir dans une discussion, à propos d'une étude historique, même lorsque celui dont il porte le nom n'a été l'objet d'aucune imputation, faite dans une intention diffamatoire ou injurieuse, ce serait ouvrir la porte à des abus qui finiraient par rendre impossible la critique historique. Pour reprendre le mot du rapporteur de la loi au Sénat, M. Eugène Pelletan, au-dessus des droits de la famille, dont la première partie de l'article 34 a pour but d'assurer le légitime exercice, il y a ceux de l'Histoire.

Les conclusions de M. l'avocat général Feuilloley furent avec plus d'énergie encore, conformes à celles du rapporteur.

Il s'attacha spécialement à montrer que, lorsque le paragraphe final de l'article 34, invoqué à l'appui de son « droit de réponse » par M. Louis de Bourmont, dit que les héritiers du mort « pourront *toujours* user du droit de réponse prévu par l'article 13, » il n'a en vue, manifestement, que le cas où le mort a été volontairement diffamé et injurié, et celui où, au moyen de diffamations et injures à l'égard du mort, on a voulu atteindre les héritiers vivants.

La place occupée par ce paragraphe dans l'article 34 lui donne ce sens restreint. De plus, contrairement à ce qui a été soutenu au nom de M. de Bourmont, le mot *toujours* ne signifie pas nécessairement *dans tous les cas*. Il n'y a qu'à ouvrir le dictionnaire de l'Académie pour voir qu'il signifie aussi *du moins*. Par exemple, on dit en ce sens : Si vous ne pouvez pas faire ceci, vous pourrez *toujours* faire cela, c'est-à-dire, *du moins* faire cela.

C'est cette signification qu'a le mot *toujours* dans l'article 34, paragraphe final. Le législateur a dit aux héritiers : « Vous ne pourrez pas poursuivre, par voie de répression pénale, les diffamations ou injures envers vos auteurs si ces diffamations ou injures n'ont pas eu pour but de vous atteindre dans votre honneur et dans votre considération. Mais vous pourrez toujours, c'est-à-dire du moins, user du droit de réponse, s'il y a eu — et cela suffira — intention de diffamer et d'injurier le mort dont vous êtes les héritiers. »

S'il en était autrement, si le législateur avait voulu accorder aux héritiers le droit absolu de répondre qu'il accorde, par l'article 13, aux personnes simplement nommées ou désignées, il aurait inscrit ce droit dans cet article 13.

Du reste, les considérations du rapport d'Eugène Pelletan, au Sénat, corroborent cette interprétation restrictive du paragraphe final de l'article 34.

Le droit de réponse absolu consacré par l'article 13, au bénéfice des personnes simplement nommées ou désignées, est déjà assez exorbitant — comme l'a prouvé l'affaire née de la représentation de *Frédégonde*, pour qu'on ne veuille pas l'étendre encore, alors que l'article 34 ne contient pas la disposition impérative qui serait nécessaire pour cela.

Adopter la thèse soutenue au nom de M. de Bourmont, ce serait, à brève échéance, tuer le journalisme dans ce qu'il a de plus honorable, le journalisme historique, celui d'une foule de revues justement estimées. Voit-on, par exemple, un journal obligé d'insérer une réponse par ce seul fait qu'il aurait annoncé, dans un bulletin bibliographique, la publication d'un ouvrage sur un mort plus ou moins illustre ?

Voit-on les innombrables journaux qui ont rendu compte de *L'Aiglon*, obligés, à propos de la scène capitale avec le duc de Raguse, qu'ils ont mise en relief, d'accueillir les « réponses » des héritiers de ce dernier ?

C'est cependant à cette conséquence, vraiment excessive, qu'on aboutirait en admettant la théorie de la Cour de Paris. Cela n'est pas possible.

Telles sont, en raccourci, les observations que présenta M. l'avocat général Feuilloley.

La Chambre criminelle de la Cour de cassation ne s'est pas rangée à l'avis du conseiller rapporteur, M. Le Grix, et de l'avocat général Feuilloley.

Elle a rejeté le pourvoi formé par le *Petit Journal* contre l'arrêt de la Cour de Paris.

La Cour suprême a décidé que les héritiers d'un mort avaient le droit de réponse, aux termes de l'article 34 de la loi sur la presse, soit lorsque l'article incriminé avait eu pour but de les atteindre personnellement à l'aide des diffamations ou injures dirigées contre leurs auteurs, soit

lorsque le mort, dont ils étaient les représentants, avait
été l'objet d'imputations diffamatoires ou injurieuses, c'est-
à-dire d'imputations concernant des faits de nature à porter
atteinte à leur honneur et à leur considération, même
quand l'auteur de l'article n'avait eu aucune intention
diffamatoire et injurieuse, autrement dit, même quand il
n'y a pas de délit. La Cour restreint le droit de réponse,
au nom des morts, à ces cas.

Il ne suffirait donc pas que les morts eussent été nommés ou suffisamment désignés, comme cela se pratique
au bénéfice de toute personne vivante, aux termes de l'article 13, pour que les héritiers eussent le droit d'exiger
une réponse.

Dans l'espèce, il nous semble que la Cour de cassation
a fort bien jugé, et son arrêt nous cause d'autant plus de
satisfaction que nous n'estimons pas que le principal argument opposé successivement à la thèse soutenue par
M. Louis de Bourmont par le conseiller rapporteur et
l'avocat général, à savoir l'argument des « droits de l'histoire », soit dans ce cas des plus concluants.

M. de Bourmont en effet n'émettait pas la prétention
d'imposer à un historien, M. H. Houssaye, la modification
d'un chapitre de son « 1815 »; nous eussions été, dans ce
cas, des premiers à trouver sa prétention abusive. Mais il
s'agissait de toute autre chose. Il s'agissait d'un journal,
et d'un journal très répandu qui, sans approfondir davantage et comme en passant, avait décoché une accusation
de traîtrise contre le général de Bourmont. Ce journal en
avait parlé comme d'une chose acquise, incontestable, et
il avait livré en pâture à un million de lecteurs ce qui n'é-
tait destiné normalement à parvenir à la connaissance

que d'un millier peut-être de lecteurs de livres d'histoire. Quand on parle des « droits de l'histoire, » il importe de se demander en même temps, où, quand et comment sont fixés ces droits, quelle en est la profondeur et l'étendue.

Le tout est de savoir, dans la pratique, à quel moment les faits passés tombent, si l'on peut ainsi parler, dans le domaine public. Or, il est incontestable que tous les événements qui se sont écoulés en France depuis 1789 appartiennent à la polémique plus encore qu'à l'histoire. Sur tous ces événements, on ne peut pas dire que l'histoire soit faite ; elle se fait. Et elle est encore mêlée à notre vie de tous les jours puisque nous ne pouvons pas ouvrir un journal politique sans y relever mille allusions directes à la façon dont nos pères ont depuis un siècle parlé, pensé, agi.

Que M. Louis de Bourmont ait tort ou raison sur le fond du débat, ce n'est pas là la question qui nous occupe.

Ce qui est certain, c'est qu'il n'a pas eu tort de prendre la défense de son grand-père, et qu'il a eu raison de penser que l'« histoire » n'a pas pu se prononcer définitivement encore sur des faits de ce siècle : car le recul lui manque peut-être, et sans aucun doute l'impartialité.

B. — Des différentes circonstances ou il intervient.

On ne peut songer, en présence de termes *généraux et absolus* de la loi, à dresser une liste, même très approximativement exacte, des circonstances, variables à l'infini, où l'exercice de ce droit peut être ouvert ; pût-on même arriver à les résumer en ce qui touche au passé, qu'on se heurterait fatalement à l'impossibilité de prévoir pour l'avenir tous les multiples cas nouveaux que chaque mot tracé par la plume de chaque journaliste peut chaque jour faire naitre tant que la loi restera ce qu'elle est, et le droit de réponse un droit *général et absolu.*

Nous devrons donc nous contenter de souligner, en les commentant brièvement parmi les plus intéressants ou les plus particuliers, quelques-uns des cas où le droit de réponse intervient.

C'est ainsi que nous examinerons successivement les :

1° Réponse à un compte rendu de débats judiciaires ;

2° Réponse à un compte rendu des séances des Chambres ;

3° Réponse à une reproduction de documents officiels ;

4° Réponse à un compte rendu des séances des conseils généraux et municipaux ;

5° Réponse aux observations que le journal peut présenter sur la première réponse (Droit de réplique) ;

6° Réponse à un article élogieux.

1. — Réponse à un compte rendu de débats judiciaires.

S'il est vrai que les comptes rendus de débats judiciaires, quand ils sont exacts et rédigés de bonne foi, ne peuvent donner ouverture à aucune action en diffamation ou injure, il ne l'est pas moins qu'ils ne jouissent d'aucune immunité en ce qui concerne l'exercice du droit de réponse par les personnes nommées ou désignées dans ces comptes rendus (1).

2. — Réponse à un compte rendu des séances des Chambres.

Il ne s'agit pas ici, non plus que dans les deux numéros suivants, du cas où un journal aurait présenté sous la forme d'une rédaction personnelle un compte rendu d'une

(1) Crim. cass., 29 janvier 1842 ; Chassan, n° 952.

séance des chambres ou de conseils généraux ou municipaux — ou un document officiel.

Il ne parait pas douteux que, dans ce cas, le droit de réponse puisse légitimement s'exercer.

Ce dont il s'agit, c'est du cas où un journal aura reproduit purement et simplement un document livré par l'autorité publique, et de la question de savoir si, dans ce cas,
le droit de réponse s'ouvrira au profit des personnes qui
s'y trouvent nommées ou désignées.

Antérieurement au décret du 14 janv. 1852, c'est-à-dire
à une époque où les comptes rendus des débats parlementaires étaient abandonnés comme aujourd'hui à la libre
rédaction des journaux, la Cour de cassation (1) avait jugé
que l'attaque contenue dans le compte rendu d'une séance
de l'Assemblée législative donnait ouverture au droit de
réponse. En présence de la situation nouvelle créée à la
presse par ce décret, elle crut devoir modifier sa jurisprudence. C'est ainsi que, dans un arrêt en date du 6 janvier 1863 (2), elle décida que, les comptes rendus des séances du Corps législatif ne pouvant être désormais repro-
duits par la presse que sous la forme d'une rédaction
officielle arrêtée par une Commission légalement insti-
tuée, ils constituent des documents officiels dont la reproduction ne saurait entraîner aucune espèce de responsabilité à la charge des journaux qui la contiennent.

Depuis, le décret de 1852 a été abrogé, et les journaux
ayant reconquis le droit de rédiger librement les comptes
rendus des débats parlementaires, il semblerait logique

(1) Arrêt du 8 février 1850 (Dall. 50, 1, 69).
(2) Dall. 63, 1, 21.

de revenir à la jurisprudence antérieure à 1852, c'est-à-dire à la doctrine de l'arrêt du 8 février 1850.

Cependant, tout le monde ne trouve pas que cette doctrine soit la bonne et qu'il convienne de la maintenir.

M. Barbier (t. I, n° 140) estime que l'arrêt de 1850 n'a pas tenu un compte suffisant de la disposition de l'art. 22 de la loi du 17 mai 1819, reproduite par l'art. 41, § 2, de la loi de 1881, qui veut que le compte rendu des assemblées législatives, fait fidèlement et de bonne foi, « ne donne lieu à *aucune action ;* » et il conclut, pour sa part, qu'une disposition aussi générale exclut aussi bien l'action en réponse que l'action en diffamation.

3. — Réponse à une reproduction de documents officiels.

Dans l'arrêt du 6 janvier 1863, ci-dessus rapporté, la Cour de cassation a très nettement déclaré qu'il n'y a pas lieu à exercice du droit de réponse, là où il n'y a pas œuvre personnelle du journal ou assertions libres de ses rédacteurs.

Il est permis cependant de faire observer que, dans le cas où il s'agit d'un document officiel reproduit *in extenso* par un journal, alors que rien ne l'obligeait, ni à le publier, ni, en admettant même qu'il le publiât, à le reproduire textuellement, le fait seul de cette publication paraît de nature à lui imposer la charge des responsabilités qu'elle pourra éventuellement entraîner, et parmi elles l'insertion des réponses qui pourront lui être adressées.

4. — Réponse à un compte rendu des séances des conseils généraux et municipaux.

Cependant, un arrêt de la Cour de Montpellier, en date

du 10 avril 1866 (1), a décidé que les comptes rendus reproduisant exactement et sans appréciations personnelles les procès-verbaux des séances d'un *Conseil général* ne pouvaient être considérés comme des articles émanant du journal lui-même, et que, dès lors, ils ne pouvaient donner ouverture à l'exercice du droit de réponse ; — et, dans le même sens, un arrêt de la Cour de Paris, en date du 26 décembre 1883 (2), a jugé que les comptes rendus publiés par le *Bulletin municipal officiel de la ville de Paris*, et reproduisant fidèlement et sans commentaire les procès-verbaux des séances du *Conseil municipal*, ne pouvaient donner lieu à l'ouverture du droit de réponse.

Nous sommes donc particulièrement heureux que la Cour de cassation, saisie du litige sur pourvoi formé contre l'arrêt précédent du 26 décembre 1883, ait cassé cet arrêt, en déclarant nettement que la loi n'admet aucune restriction au droit de réponse en faveur des comptes rendus des délibérations des conseils municipaux (3).

5. — Réponse aux observations que le journal peut présenter
sur la première réponse (Droit de réplique).

Il a toujours été admis, en jurisprudence aussi bien qu'en doctrine, que le droit de réponse implique le droit de répliquer aux observations que le journal peut présenter sur la première réponse (4).

(1) Dall. 66, ii, 101.
(2) *Lois nouvelles*, 1883, 3ᵉ partie, p. 22, nᵉ 21.
(3) Cass., 20 mars 1884 (*Gaz. trib.*, 21 mars 1884).
(4) Cr. cass., 24 août 1832, Dall. Vᵒ *Presse*, 331. — Chassan, nᵒ 955.
— De Grattier, t. ii, p. 105, viii.

Toutefois, la Cour de cassation, par arrêté en date du 25 mai 1882 (1), a décidé que la personne désignée dans un journal ne peut user indéfiniment du droit de réponse et prolonger à son gré un débat qu'elle a elle-même provoqué ; que notamment, quand cette personne a fait insérer une première réponse dans laquelle elle a nommé un tiers qui, de son côté, a répondu, et qu'elle a répliqué à ce tiers, le gérant peut légitimement se refuser à l'insertion d'une troisième réponse.

6. — Réponse à un article élogieux.

Un article, même élogieux, nous l'avons vu, donne ouverture à l'exercice du droit de réponse au même titre qu'un article diffamatoire, ou un article où on se trouve simplement nommé ou désigné.

Dans cet ordre d'idées, la Cour de cassation a même décidé tout dernièrement, par arrêt en date du 29 juin 1900, que le fait que la réponse contient l'éloge de l'ouvrage d'un tiers peut être une cause légitime de refus d'insertion, cet éloge étant ainsi considéré comme de nature à porter atteinte au droit légitime des tiers ; voici, du reste, dans quelle espèce :

Une jeune femme qui a, sous le pseudonyme de Paul Juncka, publié diverses œuvres, n'avait pas été absolument satisfaite de la critique, faite par la *Revue hebdomadaire*, de son roman, *La paroisse Saint-Magloire*. Elle prétendit avoir le droit de répondre à cette critique et en user.

Mais la *Revue* refusa d'insérer cette réponse. On plaida

_____

(1) *Lois nouvelles*, 1883, 3ᵉ partie, p. 59, nº 73.

en première instance, puis devant la Cour, et celle-ci condamna la *Revue* à faire l'insertion sollicitée.

La *Revue hebdomadaire* ne se tint pas pour battue et se pourvut en cassation. Elle y a triomphé.

Sur les conclusions conformes du conseiller rapporteur Sevestre et de l'avocat général Duboin, la Chambre criminelle a cassé l'arrêt de la Cour de Paris.

Elle a jugé que la réponse était de nature à porter atteinte au droit légitime des tiers, et cela, parce que Paul Juncka, pour argumenter, établissait une comparaison entre son propre roman et un roman de Jean Blaise, *Tribut passionnel*, dont elle faisait d'ailleurs un éloge très vif.

La Cour suprême estime que faire l'éloge de l'ouvrage d'un tiers ne met pas d'obstacle à ce que celui-ci puisse considérer la comparaison qui en est faite avec l'œuvre du plaignant comme de nature à léser ses intérêts, surtout s'il a des raisons sérieuses de penser que la comparaison est fondée sur des interprétations de pensée inexactes.

Cette espèce posait par ailleurs, une fois de plus, la grave et intéressante question de savoir si un article de critique littéraire, théâtrale ou artistique, peut donner lieu en faveur de celui qui y a été nommé ou désigné, et discuté, à l'exercice du droit de réponse.

Fidèle à une jurisprudence constante, la Cour de cassation l'eût certainement, une fois de plus en cette circonstance, résolue par l'affirmative, si elle n'avait estimé d'autre part que le fait que le contenu de la réponse était de nature à porter atteinte au droit légitime des tiers, justifiait le refus d'insertion.

Ce cas d'application du droit de réponse est d'une nature

assez particulière, et le problème qu'il soulève est assez
intéressant pour que nous ayons cru devoir consacrer à
son examen une des divisions de ce chapitre.

A. — Du droit de réponse en matière de critique littéraire, théâtrale, artistique ou scientifique.

Pendant la période comprise entre les années 1822 et
1881, des différends entre auteurs et critiques, semblables
à celui dont nous venons de parler, ont été portés devant
les tribunaux. Ils sont, à notre connaissance, au nombre
de trois, et tous trois ont été tranchés dans le même sens.

Le premier des arrêts qui les concernent fut rendu le 19
janvier 1826 par la Cour de Lyon (1). Il est net dans son
dispositif, mais écourté dans ses considérants, aussi n'in-
sisterons-nous pas en ce qui le concerne.

Le second de ces arrêts est un arrêt de la Chambre
des requêtes du 11 septembre 1829. Par cet arrêt, la Cour
de cassation, s'appropriant la doctrine du jugement du
Tribunal de Toulon et de l'arrêt de la Cour d'Aix qui
lui avaient été déférés, a souverainement décidé que les
articles de critique littéraire étaient soumis à l'exercice
du droit de réponse.

L'affaire est ainsi exposée dans le recueil de Dalloz :

Le comte de Flotte d'Argenson avait publié un ouvrage
intitulé : *Le nouveau Portulan*. Le gérant responsable de
l'*Aviso de Toulon* en rendit compte dans un numéro de
son journal ; mais en même temps il fit l'éloge d'un autre
ouvrage sur le même sujet, qui venait également d'être
publié. Voici l'article qui fut inséré dans le journal :

---

(1) Dall., V° *Presse*, n° 328.

« Notre devoir étant de tenir nos lecteurs au courant des publications qui ont lieu dans le Midi, et plus particulièrement de celles qui intéressent notre port, nous ne pourrions nous empêcher de rendre compte des *Deux Portulans*, que viennent de mettre au jour deux auteurs différents, appartenant l'un et l'autre au corps royal de la marine. L'un se présente avec la réputation d'un marin habile et qui a longtemps parcouru les mers, l'autre avec celle d'un homme d'esprit. En résumé, l'ouvrage de M. de Flotte est bien loin de faire oublier le *Manuel du Pilote*, et nous ne pouvons qu'encourager M. Baudin à continuer ses travaux et à ne point considérer comme un rival l'auteur du *Nouveau Portulan*. »

M. de Flotte, piqué par ce passage, adressa en forme de réponse un long article avec ordre de l'insérer dans l'*Aviso*. Mais M. Marquezy, gérant responsable, refusa de satisfaire à cette réquisition. En conséquence, il fut assigné devant le tribunal correctionnel de Toulon par M. de Flotte.

JUGEMENT.

Le 25 mars 1829, jugement qui ordonne l'insertion, malgré la défense de M. Marquezy, qui soutenait que la loi n'avait permis au journaliste d'insérer des réponses que lorsqu'elles avaient pour but de redresser des injures et des diffamations, et que *des critiques littéraires ne pouvaient nullement être considérées comme des diffamations.*

Cour d'Aix.

Sur appel, la Cour d'Aix confirme ce jugement par arrêt du 21 juillet 1829.

Cour de cassation.

La Cour : Attendu que l'art. 11 de la loi du 25 mars 1822 est général et que, loin de devoir être restreint dans son application, il doit recevoir, au contraire, pour rentrer dans l'esprit de la loi, *la plus grande extension ;* qu'il suffit que l'on ait été l'objet d'un article de journal pour avoir, aux termes de la loi du 25 mars 1822, le droit de faire insérer dans ce journal une réponse à cet article ; qu'il n'est point nécessaire, pour l'exercice de ce droit, que l'article ait été injurieux ou diffamatoire ; qu'ainsi, quoique la Cour d'appel d'Aix ait reconnu que l'article de l'*Aviso* du 21 février sur l'ouvrage du sieur de Flotte n'avait pas ce caractère, elle n'en a pas moins sainement entendu la loi du 25 mars 1822 en condamnant le gérant responsable pour n'avoir pas inséré la réponse faite à son article de critique.

La Cour de Paris essaya un instant (1) de résister à cette jurisprudence que le Tribunal de la Seine avait, au contraire, adoptée (2). La Cour de cassation rendit alors, le 27 novembre 1845, l'arrêt de principe qui a fixé ce point (3).

Cette fois, le débat eut une ampleur extrême, aussi bien devant l'opinion que devant la justice. Dupin plaidait pour le journal, c'est-à-dire pour la critique. Comme il devait arriver depuis, de nos jours, dans une affaire qui eut un grand retentissement, la presse s'empara de la

---

(1) Arrêt du 20 février 1836 ; Sir., 1836, 2, 288, et arrêt du 6 mai 1845, cassé par l'arrêt de cassation cité au texte.

(2) Jugement du 13 mars 1845; Dall. P., 1845, 2, 86.

(3) Dall. P., 1846, 1, 82.

question et la discuta sous toutes ses faces. Le journal le *Constitutionnel* était en cause ; son adversaire était un dramaturge peu connu, M. Loyau de Lacy, auteur du *Lys d'Evreux*. L'émoi fut extrême dans le camp de la critique.

« La jurisprudence de la Cour de cassation, » s'écriait le *Journal des débats*, « serait la ruine des journaux ! Qui ne voit qu'avec le droit absolu de réponse on transporterait notre propriété à autrui, on ferait du journal une place publique ouverte à tous les sots et à tous les ennuyeux, *une tribune posée sur la borne ?* »

Le *Courrier français* écrivait :

« Le journal la *Presse* confond le journal avec le journaliste. La danseuse produit sa jambe au public, de même fait le journaliste de sa critique. C'est le public qui juge si la critique est juste et si la jambe est bien faite ; que la danseuse fasse dire partout ailleurs que le journaliste qui lui dénie la beauté est difforme lui-même ! Permis à elle, quoique le droit ne soit pas égal, puisque la danseuse expose sa personne, tandis que le journaliste n'expose que son œuvre. — Le droit du talion est banni de nos lois. »

Le journal la *Presse* publiait au contraire dans son numéro du 3 décembre 1845 un article inspiré par des vues diamétralement opposées. Cet article n'est pas signé, mais il est empreint de tant de verve qu'on est tenté en le lisant d'en attribuer la paternité au directeur de la *Presse*, Émile de Girardin.

N'est-ce pas lui, en effet, qui a écrit sur le même sujet :

« Quand la critique serait plus rare et plus réservée,

quand on ferait la critique de la critique, où serait le grand mal ? »

L'article n'est guère autre chose que la paraphrase de cette pensée. En voici un court passage :

« A en croire les journaux, il n'y aurait plus d'autre alternative que de mettre les chambres législatives en demeure de réformer la loi sans délai, ou bien d'annoncer que tout journal cesse de paraître. C'en serait fait de la liberté de la presse ; elle n'existerait plus, elle ne pourrait plus exister !... On s'obstine à toujours confondre la liberté de la presse avec le journalisme... Ce qui touche à la liberté de la presse intéresse tout le monde ; ce qui touche au pouvoir du journalisme n'intéresse que quelques-uns. Quand vous parlez du droit de réponse, quand vous le trouvez dangereux, dites, si vous le voulez, qu'il est une atteinte portée à l'inviolabilité du journalime ; mais ne dites pas qu'il est une atteinte portée à la liberté de la presse. Car, loin de diminuer cette liberté, il l'étend ; loin de la frapper, il la consacre... La main sur la conscience, trouvez-vous donc bien juste et parfaitement légitime de pouvoir, à l'abri d'un journal, disposer à votre gré de la réputation qui vous déplairait, sans que celui que vous attaquiez pût se défendre !

S'il y a des imbéciles et des sots qui, parce qu'ils auront été nommés ou désignés dans votre feuille, vous adressent de grotesques réclamations, eh bien ! ce qui pourra vous arriver de pis, ce sera qu'elles vous servent à dérider le front soucieux de vos lecteurs... »

L'arrêt si vivement discuté était conçu dans les termes suivants :

« La Cour : Vu l'article 11 de la loi du 25 mars 1822 et l'article 17 de celle du 9 septembre 1835 ;

Attendu que l'article 11 précité, qui donne à toute personne nommée ou désignée dans un journal, le droit d'y faire insérer sa réponse, est général et absolu ;

Attendu que cet article ne distingue point les cas où la personne désignée aura ou n'aura pas le droit de réclamer du journaliste l'insertion de sa réponse ; qu'il faut en conclure que le droit d'insertion existe dans tous les cas, et que la personne nommée ou désignée doit seule apprécier son intérêt à répondre à l'article qui la concerne, quelle que soit la nature des faits ou des réflexions à l'occasion desquels son nom figure dans le journal ;

Attendu que, sauf le droit d'autoriser les journalistes à refuser l'insertion d'une réponse qui serait contraire aux lois, aux bonnes mœurs, à l'intérêt des tiers ou à l'honneur du journaliste lui-même, la faculté de répondre ne peut, dans aucun cas, être refusée par les tribunaux à toute personne nommée ou désignée dans un journal ;

Attendu que l'arrêt attaqué a refusé à Loyau de Lacy le droit d'exiger l'insertion de sa réponse à l'article du *Constitutionnel* du 27 janvier 1845, par ce motif qu'il n'aurait été *nommé* ou *désigné* que dans le compte rendu d'une tragédie par lui livrée au public ; que ce compte rendu ne contenait aucune attaque personnelle contre l'auteur ; que les citations inexactes sont peu importantes, n'altèrent pas le mérite de l'ouvrage, et ne sont pas le résultat d'une intention malveillante ; *qu'en supposant ainsi qu'il y ait des cas où une personne nommée ou désignée dans un journal n'aurait pas le droit d'y insérer une réponse, ledit arrêt a distingué où la loi ne dis-*

tingue pas, restreint la portée de ses dispositions et par conséquent violé l'article 11 de la loi du 25 mars 1822 et l'article 17 de la loi du 9 septembre 1835. »

Dalloz fait suivre cet arrêt d'une note intéressante dont nous reproduisons seulement les premières lignes :

« Cette décision est conforme de tous points à la jurisprudence de la Cour consacrée par un grand nombre d'arrêts. Le premier de ces arrêts, du 11 septembre 1829 (Dall., 1829, ɪ, 356), rendu, comme dans l'espèce, au sujet d'une critique littéraire, pose en principe le caractère *général* et *absolu* du droit de réponse et décide qu'il entre dans l'esprit de la loi de lui donner *la plus grande extension*. Même doctrine dans l'arrêt du 24 août 1832 (Dall. P., 1832, ɪ, 404), mais avec cette particularité de plus que la Cour constitue la personne nommée seule juge de la convenance de sa réponse. L'arrêt du 7 novembre 1834 (Dall. P., 1835, ɪ, 179) est en quelque sorte l'écho du précédent. »

Au commencement de 1846, la question était encore d'une actualité si brûlante qu'elle fut discutée à la conférence du stage des avocats de Paris. On trouve parmi les orateurs inscrits pour la traiter, les noms suivants : Nicollet, Oscar de Vallée, de Forcade, Madier de Montjau.

On discutait encore au commencement de l'année 1846, mais on ne discutait plus à la fin. Au cours de l'année 1846, en effet, le 9 juin, survenait une décision nouvelle et définitive. La Cour d'appel d'Orléans, statuant comme cour de renvoi, rendait un arrêt conforme à l'arrêt de la Cour de cassation (1). L'accord était complet entre la Cour suprême et les cours d'appel.

_____

(1) Dall. P., 1846, 2, 116.

A partir de cette époque, il est peut-être téméraire de dire que la discussion est close, mais il est incontestable que la jurisprudence est fixée.

Et l'on peut dire que l'opinion de la doctrine n'est guère différente de celle de la jurisprudence, car, sur huit auteurs qui ont spécialement étudié la législation relative à la presse, sept se sont prononcés en faveur du système consacré par la Cour de cassation.

Malgré que nous regrettions vivement cette solution — nous nous réservons de dire plus loin pourquoi — nous devons reconnaitre que les termes de la loi qui nous régissait alors et qui, en somme, nous régit encore aujourd'hui, puisque nous avons vu que c'est, à bien peu de chose près la même, sont trop formels pour qu'ils aient pu permettre à la Cour suprême de juger autrement qu'elle ne l'a fait.

Nous croyons donc que c'est aux termes *généraux et absolus* de la loi qu'il faut faire remonter la responsabilité de ce que nous estimons être un abus regrettable.

Entre le 29 juillet 1881, date de la promulgation de la loi sur la presse qui nous régit aujourd'hui, et le 15 décembre 1897, date de la première audience du procès Dubout contre Brunetière à la 9e Chambre du tribunal correctionnel de la Seine, la jurisprudence n'a pas eu à se prononcer sur l'étendue du droit de réponse en matière de critique littéraire. Ce n'est pas à dire cependant que la jurisprudence ne nous a donné pendant ces quinze années aucune indication utile.

De nombreux arrêts relatifs au droit de réponse ont été rendus depuis 1881 ; or, il importe peu qu'ils n'aient pas

statué sur la querelle d'un auteur et d'un critique ; c'est
la substance de ces arrêts, c'est leur doctrine qu'il faut
extraire ; et leur analyse, même rapide, montre que la
Cour de cassation est demeurée inébranlablement fidèle
aux principes que, dès 1829 et 1845, elle avait affirmés.

Si nous parcourons le texte des arrêts qu'elle a rendus, en 1884, en 1886, en 1887, en 1895, nous constat-
tons que tous sont unanimes à proclamer dans des
termes empruntés textuellement aux arrêts de 1829 et de
1845, le caractère *général* et *absolu* du droit de réponse.

« Le droit de réponse, » lit-on dans la plus récente de
ces décisions, « est général et absolu. Celui qui l'exerce est
seul juge de la teneur et de l'utilité de sa réponse. Et l'insertion ne peut être refusée qu'autant qu'elle serait contraire aux lois, aux bonnes mœurs, à l'intérêt légitime des
tiers ou à l'honneur du journaliste lui-même. »

C'est un procès fort intéressant, tant par la personna-
lité des parties en cause que par l'ampleur que revêtit le
débat, qui donna à la Cour de cassation l'occasion de prou-
ver par un arrêt rendu le 17 juin 1898, qu'elle restait fidèle à sa jurisprudence antérieure en ce qui concerne
l'exercice du droit de réponse en matière de critique.

M. Dubout est l'auteur d'une tragédie en cinq actes et
en vers, *Frédégonde*, représentée pour la première fois le
14 mai 1897 sur la scène du Théâtre-Français. Que valait
l'œuvre ? Nous n'avons pas à le rechercher ; disons seulement qu'elle n'eut pas une *bonne presse* et ne tarda pas à
disparaître de l'affiche.

Parmi les écrivains qui parlèrent de *Frédégonde*,
M. Jules Lemaitre, de l'Académie française, le critique de

la *Revue des Deux-Mondes*, est celui dont les appréciations furent le plus sévères ; elles parurent même à M. Dubout tout à fait dures, et il crut devoir requérir du directeur-gérant de la *Revue* l'insertion d'une longue réponse. Cette insertion lui fut refusée, et le Tribunal correctionnel de la Seine (9ᵉ chambre) déclara par un jugement rendu le 29 décembre 1897, en contrariété des réquisitions du ministère public, le refus légalement fondé.

Mais, en réalité, M. Brunetière ne recevait pas plus satisfaction que M. Dubout, car alors que le directeur de la *Revue*, prenant lui-même la parole à l'audience, avait prétendu justifier son refus d'insertion par les trois considérations suivantes :

1° Qu'en droit l'article 13 de la loi de 1881 n'est pas applicable à la *Revue des Deux-Mondes*, non plus qu'en général à toute espèce d'écrit périodique du même genre ;

2° Que, dans l'intention évidente du législateur, le droit de réponse ne s'est jamais entendu de l'artiste, de l'écrivain, du sculpteur ou de l'auteur dramatique ;

3° Et enfin, qu'en fait la réponse de M. Dubout à l'article de M. Lemaître n'étant pas une réponse, il avait le droit d'en refuser l'insertion ;

Le Tribunal lui répondait dans son jugement :

» 1° Que la *Revue des Deux-Mondes* est une publication bi-mensuelle ; qu'elle est donc un écrit périodique, dans le sens de l'article 13 susvisé ;

» 2° Que, si l'auteur dramatique, soumettant son œuvre au jugement du public et à l'appréciation de la critique, a le devoir de les accepter avec stoïcisme et de les subir avec résignation, il n'en a pas moins le droit de réponse que la loi de 1881 confère d'une façon générale et absolue à toute personne nommée ou désignée dans un journal ou écrit périodique ; »

Et ne déclarait le refus d'insertion fondé que sur ce fait que la réponse — il estimait donc que c'en était bien une — de M. Dubout, était de nature à porter atteinte à l'intérêt légitime des tiers.

Voici dans quels termes est conçue cette partie du jugement :

« Attendu qu'après avoir résumé les appréciations défavorables de M. Jules Lemaître sur la pièce et ses interprètes et démontré ce qu'est ce qu'il qualifie d'une « exécution en masse, » il réunit en une sorte de tableau synoptique, composé de phrases tronquées et de mots découpés, les appréciations « contrastées » des principaux critiques qui ont donné leur avis sur sa pièce : Sarcey, Bauer, Henri Fouquier, Faguet, Perret, Vallier, Second, de Cottens, du Tillet, Duquesnel ; qu'il les montre se contredisant les uns les autres de la façon la plus absolue et ne présentant à l'esprit désireux de se faire une opinion sur la pièce que la confusion et le chaos ;

» Attendu qu'un tel procédé est de nature à atteindre dans leur considération littéraire et dans leur autorité critique ceux auxquels l'opinion publique est habituée à accorder une compétence, un discernement, un tact supérieurs pour tout ce qui touche aux œuvres théâtrales ; qu'ils seraient assurément autorisés, si la réponse de M. Dubout était publiée dans la *Revue des Deux-Mondes*, à adresser à cette même revue des articles explicatifs ou rectificatifs ; que même, s'ils imitaient l'exemple du demandeur ils pourraient se croire en droit d'exiger l'insertion *in integro* de leur article dont Dubout n'a publié que des fragments ;

» Attendu qu'à ce point de vue la considération et l'intérêt des tiers étant mis en jeu par la réplique du demandeur, le tribunal estime que la résistance de Brunetière est justifiée ;

» Par ces motifs, renvoie Brunetière des fins de la poursuite ; condamne Dubout aux dépens (1). »

M. Dubout interjeta appel de cette décision, et un arrêt de la Cour de Paris, du 5 avril 1898, rendu sur les réquisitions conformes du ministère public, développées par l'organe de M. Brégeault, substitut du procureur général, et infirmant la décision des premiers juges, ordonna l'insertion par lui demandée et condamna la *Revue*, en la personne de son gérant, à 50 francs d'amende, le tout par application de l'article 13 de la loi du 29 juillet 1881.

Modifiant quelque peu devant la Cour d'appel les conclusions qu'il avait développées devant le tribunal, et s'inspirant, partiellement au moins, pour les rédiger, des termes mêmes du jugement rendu par le tribunal, M. Brunetière soutenait qu'il ne pouvait être tenu de faire l'insertion requise, par les motifs suivants :

1° Que la *Revue des Deux-Mondes* ne serait point un écrit périodique dans le sens de l'article 13 de la loi du 29 juillet 1881, mais un recueil littéraire dont chaque numéro constitue un véritable livre ;

2° Que Dubout, en faisant représenter sa pièce en public, aurait provoqué lui-même le jugement de la presse, et

_____
(1) Rec. *Gazette des tribunaux*, 1898, 1er sem., 2e partie, p. 80.

serait dès lors irrecevable à répondre à un article de critique où il n'est nommé qu'en sa qualité d'auteur ;

3° Qu'en tous cas, la réponse, dans les termes où elle est conçue, serait offensante pour M. Lemaître, auteur de l'article, et de nature à préjudicier à l'intérêt légitime des tiers qui y sont nommés.

Sur le premier moyen, la Cour répondit à M. Brunetière, comme le tribunal, que la *Revue des Deux-Mondes* est incontestablement un écrit périodique, soumis au régime des écrits périodiques.

Sur le deuxième moyen, la Cour émit les considérants suivants, que nous reproduisons partiellement : « Considérant que les dispositions de l'article 13 de la loi du 29 juillet 1881 sont générales et absolues ; que toutes les lois sur la presse, depuis celle du 25 mars 1822 jusques et y compris celle de 1881, ont toujours considéré le droit de réponse comme *l'exercice du droit naturel de défense* et laissé la personne désignée seul juge de son intérêt à répondre à l'article qui la concerne ;

Considérant que la loi ne fait aucune distinction entre le cas où la personne est désignée à l'occasion de sa vie privée et celui où son nom a été prononcé à l'occasion d'un acte ou d'un fait de sa vie publique ; que, s'il est manifeste, ainsi que le soutient Brunetière, que Dubout, en faisant représenter une pièce de théâtre et en conviant, dans les conditions d'usage, les critiques à assister à la première représentation, a lui-même sollicité l'examen de son œuvre dans la presse périodique, on ne saurait en induire qu'il ait entendu d'ores et déjà renoncer à l'exercice d'un *droit qui ne prend naissance qu'au moment de la publication*, et s'interdire, par avance, de répondre à un article

dont il ne pouvait prévoir ni la nature ni le caractère ;
que, si cette présomption de renonciation à l'exercice d'un
droit futur devait être admise pour l'auteur dramatique,
elle devrait l'être également, et par identité de motifs, pour
l'écrivain, pour l'orateur, pour le conférencier, pour le can-
didat à une fonction élective, pour l'homme politique, et
généralement pour toute personne qui se produit en public ; qu'il en résulterait que ceux-là même qui sont le plus
souvent nommés dans les journaux se trouveraient privés
dans la plupart des cas du droit d'éclairer les lecteurs sur
la portée de leurs écrits ou de leurs actes ; qu'une telle conséquence est *manifestement contraire au but de la loi*,
et qu'il ne saurait appartenir aux tribunaux *chargés uniquement de l'appliquer*, de limiter à certains cas un droit
que le législateur a entendu faire général... »

Sur le troisième moyen, la Cour décida enfin que : « la
malignité du passage susvisé » (celui où M. Lemaître était
pris à partie) « était justifiée d'une part par la vivacité de
l'attaque, » et que d'autre part « indiquer que l'opinion de
M. Sarcey diffère sur certains points de celles de MM. Bauer
et Fouquier, et que le critique théâtral du *Soir* n'a pas la
même appréciation que celui des *Débats* sur le caractère
scénique d'une pièce, la richesse des rimes ou la pauvreté
de la langue, ne peut, en quoi que ce soit, nuire à la réputation de ces écrivains, ou préjudicier aux journaux à la
rédaction desquels ils sont attachés (1). »

M. Brunetière se pourvut en cassation contre cet arrêt, et
c'est dans ces conditions que la question qui nous intéresse
fut soumise à la Chambre criminelle de la Cour suprême.

---

(1) *Gazette des tribunaux*, 6 avril 1898, n° 22018, p. 330.

La Cour, après avoir entendu le rapport de M. le conseiller de Larouverade, sur les observations de Mᵉ Dareste qui soutenait le pourvoi, et les conclusions conformes de M. l'avocat général Puech, rendit, le 17 juin 1898, l'arrêt suivant, que nous reproduisons *in extenso* :

« La Cour :

» Sur le premier moyen du pourvoi, tiré de la violation, par fausse application, de l'article 13 de la loi du 29 juillet 1881, « en ce que l'arrêt attaqué a décidé que le gérant d'un journal ou écrit périodique était tenu d'insérer une réponse à un article de critique purement littéraire » :

» Attendu que l'article 13 de la loi du 29 juillet 1881, reproduisant une disposition en vigueur depuis la loi du 25 mars 1822, donne à toute personne nommée ou désignée dans un journal ou écrit périodique le droit d'exiger du gérant l'insertion d'une réponse ; que ce droit de légitime défense, fondé sur la nécessité de protéger les citoyens contre les abus possibles de la presse, est général et absolu et n'a d'autres limites que celles qu'imposent, sous la sanction des tribunaux, le respect des lois et des bonnes mœurs, l'intérêt des tiers ou l'honneur du journaliste ;

» Attendu que l'article 13 précité ne distingue pas entre les diverses publications périodiques, qui peuvent donner lieu à l'exercice du droit de réponse ; qu'il s'applique à toutes, sans exception, et quelle que soit la nature des faits ou des réflexions à l'occasion desquels celui qui répond a été nommé ou désigné ;

» Qu'il importe peu, en effet, contrairement à la prétention du pourvoi, que la réponse ait été provoquée, en dehors de toute attaque personnelle, par la critique purement littéraire d'une œuvre dramatique ou artistique

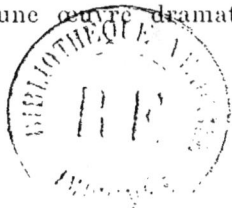

volontairement offerte au jugement du public et de la presse ; qu'il serait facile de montrer que, même dans ce cas, l'auteur dont l'œuvre est discutée peut avoir intérêt à la défendre dans le journal où elle a été attaquée ; mais qu'en présence de la généralité des termes de la loi, il suffit de constater que la distinction proposée en faveur de la critique littéraire est juridiquement impossible ;

» Sur le deuxième moyen, pris de la violation de l'article 13 de la loi du 29 juillet 1881, en ce que le gérant de la *Revue des Deux-Mondes* aurait été condamné à insérer la réponse de Dubout, bien que cette réponse contînt, d'une part, des attaques personnelles et offensantes envers l'auteur de l'écrit incriminé, d'autre part, des allégations contraires à l'intérêt de tiers étrangers au débat ;

» En ce qui touche la première branche du moyen :

» Attendu, en fait, que Dubout, auteur d'une tragédie, représentée au Théâtre-Français, a cru devoir adresser à la *Revue des Deux-Mondes* une réponse à l'article de critique publié dans ce recueil périodique sous la signature « Jules Lemaître » ;

» Attendu, en droit, que dans l'appréciation qu'ils font d'une réponse les tribunaux sont fondés à prendre en considération la nature et la forme de l'attaque, les besoins de la défense et la légitime susceptibilité de la personne nommée ou désignée ;

» Que l'arrêt dénoncé, tout en relevant dans la réponse de Dubout « une phrase simplement malicieuse » à l'adresse de Jules Lemaître, signale, dans l'article de ce dernier, plusieurs passages très vifs et très désobligeants pour Dubout ;

» Qu'en décidant, à raison de la vivacité extrême de l'attaque, que la réponse dont l'insertion était requise n'excédait pas les limites du droit inscrit dans l'article 13 de la loi précitée de 1881, la Cour de Paris a fait une saine appréciation dudit article ;

» En ce qui touche la seconde branche :

» Attendu que, dans sa réponse, Dubout rappelle sommairement, pour les opposer à Jules Lemaître, les jugements portés sur son œuvre par plusieurs écrivains dont il cite les noms, et qu'à ce sujet il est prétendu que la *Revue des Deux-Mondes* ne pouvait pas insérer la lettre de Dubout, sans s'exposer à voir exercer le droit de réponse par chacun des écrivains ainsi nommés et mis en cause ;

» Attendu que l'arrêt, vérification faite des citations rapportées par Dubout, estime que les appréhensions manifestées par la *Revue des Deux-Mondes* ne sont pas justifiées ; qu'il n'apparaît, en effet, d'aucun des passages de la réponse en question que des tiers y aient été abusivement pris à partie ; que, dans tous les cas, on ne saurait, sans altérer la nature même du droit consacré par l'article 13 de la loi sur la presse, exiger que l'auteur d'une réponse s'abstienne de nommer des tiers ou de les désigner, alors que cette désignation peut être, comme dans l'espèce, commandée par un intérêt légitime de défense ;

» Par ces motifs et attendu que l'arrêt est régulier en la forme,

» Rejette le pourvoi formé par M. Brunetière contre l'arrêt de la Cour de Paris en date du 5 avril 1898 (1). »

_____

(1) *Gazette des tribunaux*, 24 juin 1898, n° 2283, p. 596.

Cet arrêt de la Cour de cassation nous inspirera deux sortes de réflexions :

Nous observerons d'abord qu'en jugeant ainsi, la Cour suprême, restant fidèle à une jurisprudence constante et invariable, nous paraît avoir donné à la loi la seule interprétation qu'elle pût lui donner sans risquer de méconnaître le caractère *général et absolu* de ses dispositions.

Et nous ajouterons même qu'en l'état actuel de la législation, et puisque le droit de réponse en matière de critique est, — à bon droit, à notre avis, en présence des termes de la loi actuelle, — formellement reconnu par la jurisprudence, nous sommes particulièrement heureux qu'il ait trouvé son application dans l'affaire Dubout-Brunetière.

On sait déjà que nous estimons que l'exercice du droit de réponse en pareille matière peut être de nature à restreindre singulièrement la liberté de la critique ; mais cela ne saurait nous empêcher de penser et de dire qu'un article comme celui de M. Lemaître confère incontestablement à celui qui y est pris à partie dans de pareils termes le droit d'exiger une réparation, de quelque nature qu'elle soit.

La critique littéraire doit, par définition nous semble-t-il, s'exercer avec courtoisie et modération ; c'est ainsi que l'ont comprise et pratiquée en France les auteurs qui ont illustré ce genre littéraire.

Le fait d'employer, pour juger la pièce d'un auteur qui vous a *invité*, justement, à venir l'entendre, — M. Brunetière admet qu'en envoyant cette invitation même, l'auteur s'est interdit à l'avance l'exercice du droit de ré-

ponse ; nous estimons au contraire qu'en l'acceptant, le
critique a dû renoncer à l'avance à toute appréciation dis-
courtoise, — des termes tels que : *absurde, saugrenu,
naïf, proprement stupide, idiot, inepte, belle et bonne
absurdité*, ne nous paraît relever que bien indirectement
du domaine de la critique littéraire.

Si M. Dubout n'avait pas eu à sa disposition le droit de
réponse, il est plus que probable qu'il eût été tenté d'in-
tenter à M. Lemaître une action en injures, à moins qu'il
n'eût préféré lui envoyer des témoins. Pouvant tout termi-
ner pacifiquement, il a très spirituellement choisi cette solution, et tous ceux qui ont lu avec attention l'article de
M. Lemaître, et sa réponse, seront obligés de convenir
que celle-ci est conçue en des termes modérés relativement à ceux de l'attaque ; il faut bien croire d'ailleurs
que la Cour de cassation a été d'un avis à peu près analogue, puisqu'elle a reconnu, avec la Cour de Paris, que :
« à raison de la *vivacité extrême* de l'attaque, la réponse
dont l'insertion était requise n'excédait pas les limites
du droit inscrit dans la loi de 1881. » (Arrêt du 17 juin 1898).

Mais, ceci dit, nous devons ajouter que nous souhai-
terions très vivement que la loi prohibât l'exercice du
droit de réponse en matière de critique littéraire.

Il est heureusement rare de rencontrer dans des articles de critique des termes aussi peu *académiques* que
ceux que nous venons de relever : et dans des circonstances analogues, si tant est qu'elles doivent jamais se
représenter, il est permis de penser qu'il ne serait pas
très difficile pour l'intéressé de trouver matière à inten-
ter une action en injures à l'auteur d'un pareil article.

La plupart du temps — s'il en va dans l'avenir comme

dans le passé — les articles de critique seront empreints de courtoisie et de modération, et c'est cette « tenue » seule qui assurera l'autorité de leurs arrêts ; le pire préjudice qu'ils puissent dans ces conditions porter à un auteur résidera dans ce fait qu'ils auront parfois inexactement ou incomplètement traduit sa pensée ; nous ne prétendons nullement que ce ne puisse être un mal et un grand mal. Mais, puisque nous avons à choisir entre deux maux, nous croyons que la pratique habituelle du droit de réponse en ces matières est plus dangereuse encore.

Le droit d'apprécier, qui implique le droit de critiquer, se confond avec le droit de penser et de parler ; ce n'est donc de rien moins que d'une liberté qu'il s'agit ici ! Quel est le domaine où la critique s'abstienne de pénétrer ? Quel est le journal qui se prive de juger des hommes, des idées, des paroles, des œuvres ou des actes ?

La critique, d'ailleurs, ne se limite pas à la matière littéraire. Elle est l'auxiliaire indispensable et précieuse des artistes et des historiens, des orateurs et des poètes, des littérateurs et des savants.

Elle est la conseillère éclairée et discrète du public, qu'elle préserve à la fois des erreurs et des injustices.

Mais, de toutes les critiques, la critique littéraire est, en France, la plus sûre et la plus féconde. Après avoir formé le goût de tant de générations, elle est devenue elle-même un genre littéraire, consacré par des chefs-d'œuvre.

Elle n'a jamais cessé d'incarner sous les régimes despotiques une des seules formes encore tolérées de la liberté, de cette liberté si chère à l'âme française !

Elle a fleuri avec éclat sous Louis XIV et sous Napoléon.

Comment concevoir alors que la presse périodique en puisse être exclue, alors qu'au temps où nous vivons c'est à elle qu'incombe tout naturellement la mission de l'exercer, c'est chez elle qu'on est habitué à la trouver, si brillante et si féconde.

Les journalistes ne seraient ni les seuls ni même les premiers à souffrir d'une restriction apportée à l'étendue des droits de la critique ; c'est le public tout entier qu'une pareille mesure atteindrait, c'est lui surtout qu'elle serait appelée à léser.

Et conçoit-on que le droit de critique puisse continuer à s'exercer librement, sous la menace de l'action en insertion forcée continuellement suspendue au-dessus de la tête des journalistes ; quel est celui d'entre eux qui n'hésitera pas à écrire le moindre compte rendu tant qu'il se sentira sous le coup de représailles aussi injustifiées que celles auxquelles l'expose dans l'espèce la loi actuelle ?

Il n'y aura plus alors de discussion possible, et ce sera, à bref délai, la mort de la critique.

On comprendra que la perspective de voir se produire une telle conséquence est bien de nature à nous faire souhaiter une modification à cet état juridique des choses.

II. — DES RESTRICTIONS QUE NE L'EMPÊCHE PAS DE COMPORTER SON CARACTÈRE GÉNÉRAL ET ABSOLU DES CONDITIONS DE SON EXERCICE.

L'exercice du droit de réponse se trouve-t-il dans certains cas limité, bien que ce droit ait été maintes fois reconnu par la jurisprudence de la Cour de cassation être un droit *général* et *absolu*: et, en cas d'affirmative, de quelle nature sont les restrictions qu'il comporte ? Telles sont les deux questions, que nous avons à nous poser.

On serait presque tenté de répondre négativement à la première de ces questions si l'on se contentait de s'en tenir à la lettre de l'article 13 de la loi de 1881, d'une part, et, de l'autre, à la lettre de nombreux arrêts de jurisprudence où ce droit est en effet consacré comme un droit général et absolu. Mais les règles du bon sens d'une part, et de l'autre l'examen attentif des décisions de la jurisprudence, commandent impérieusement d'y répondre affirmativement.

D'une part, il est clair qu'il serait absurde de dire que toute personne quelconque, qui trouvera dans un journal ou écrit périodique l'assemblage des lettres qui forment son nom aura, par cela seul, le droit de réponse.

Il est bien évident que le droit de réponse ne se restreint ni aux attaques contre la vie privée, ni aux injures, outrages ou diffamations, ni même aux articles de nature à porter un préjudice matériel ou moral. La loi n'exige même pas, nous le reconnaissons, que la personne qui use du droit de réponse ait été attaquée. Un article, même élogieux, nous l'avons vu, ouvre ce droit, le cas échéant. La loi ne distingue pas. Mais il est incontestable cependant que les 400 personnes — le chiffre n'est pas cité à la légère — dont on peut relever les noms dans un numéro du *Figaro* pris au hasard, ne sauraient toutes avoir des prétentions justifiées à l'exercice du droit de réponse.

S'il en était ainsi, la moitié des noms de nos rues deviendraient, dans ce cas, dangereux à prononcer.

L'hypothèse est évidemment invraisemblable, mais la démonstration par l'absurde n'est pas une des plus mauvaises, et il est plus qu'évident que l'application textuelle de la loi trouve sa limite dans le bon sens.

D'autre part, la jurisprudence elle-même a consacré un certain nombre de restrictions au principe édicté par la loi, en même temps qu'elle a réglementé d'une façon très précise les conditions d'exercice du droit de réponse. Pour examiner cette réglementation et ces restrictions, nous ne croyons pouvoir mieux faire que présenter d'abord ici, dans un ordre méthodique, et sous forme de courtes propositions, le résumé ou le sommaire des nombreux arrêts uniformes, déjà cités en partie au chapitre Ier, et dont l'ensemble constitue soit la formule, soit la consécration jurisprudentielle la plus autorisée *des principes* en matière d'exercice du droit de réponse. Nous ferons suivre cette énumération des quelques réflexions qu'elle nous aura suggérées, en insistant d'une façon plus particulière sur quelques-unes des circonstances dont l'intervention peut constituer un obstacle à l'exercice du droit de réponse.

1. — Le droit de réponse a été introduit comme un remède nécessaire aux abus possibles de la presse périodique, afin d'assurer aux citoyens le plus sûr moyen de se défendre, par la même voie de publicité, contre les attaques dont ils peuvent être l'objet, dans les journaux, soit comme *hommes publics*, soit comme *hommes privés*. (Arrêts des 24 août 1832, 26 mars 1841, 29 janvier 1842, 19 novembre 1869, 25 mars 1882, 21 février 1889).

Le double droit de rectification officielle et de réponse, qui était reconnu aux *fonctionnaires publics* avant la loi du 29 juillet 1881, leur a été conservé par cette loi. L'article 12, qui a restreint le droit de communication offi-

cielle, ne les exclut pas du *bénéfice du droit plus large*
ouvert par l'article 13, sous d'autres conditions et sous
une pénalité différente, à toutes les personnes sans exception, qui sont nommées ou désignées dans un journal. (Arrêts des 21 février 1889, 10 avril 1891, 10 juillet 1896).

2. — L'exercice du droit ainsi accordé à tous les citoyens se rattache essentiellement au *droit de la défense
personnelle ou de la légitime défense.* Il doit toujours
trouver place là où l'attaque s'est fait jour, et obtenir, par
la même voie, le bénéfice de la publicité, qui ne peut être
le privilège de l'attaque. (Arrêts des 24 août 1832, 7 novembre 1834, 8 février 1850, 20 mars 1884).

3. — Pour rentrer dans *l'esprit de la loi*, les tribunaux
doivent protéger et favoriser le droit de réponse, en l'éten-
dant plutôt qu'en le restreignant, dans son légitime exercice. Ils doivent dès lors rejeter tout système de défense
qui serait en opposition avec l'esprit de la loi et paralyserait le droit de répondre entre les mains de celui à qui
le législateur a voulu l'accorder avec une grande étendue.
(Arrêts des 11 septembre 1829, 24 août 1832, 7 novembre
1834, 26 mars 1841, 19 novembre 1869).

4. — Le *droit* de répondre est *général* et *absolu.* (Arrêts
des 11 septembre 1829, 1er mars 1838, 26 mars 1841, 29 janvier 1842, 27 novembre 1845, 8 février 1850, 20 juillet 1854,
19 novembre 1869, 25 mars 1882, 20 et 29 mars 1884, 6 février 1886, 14 mai 1887, 8 mai 1890).

5. — Il suffit qu'une personne ait été *nommée* ou désignée dans un journal pour qu'elle ait le droit de faire insérer dans ce journal une *réponse.* Elle est seule juge de
l'*intérêt* qu'elle peut avoir à répondre, et de ce que sa ré-

ponse doit contenir. (Arrêts des 11 septembre 1829, 1er mars 1838, 26 mars 1841, 29 janvier 1842, 27 novembre 1845).

6. — La loi ne subordonne pas le droit de répondre à *l'intérêt plus ou moins sérieux* de celui qui l'exerce. C'est donc violer la loi que de déclarer que l'action du demandeur manque de base par cela seul qu'il ne justifie d'aucun préjudice matériel ou moral. (Arrêt du 12 juillet 1884).

7. — Il n'est point nécessaire, pour l'exercice du droit de réponse, que l'article où l'on est nommé ou désigné soit injurieux ou diffamatoire. (Arrêt du 11 septembre 1829).

8. — *Le droit de répondre*, accordé à toute personne nommée ou désignée dans un journal, entraîne nécessairement *le droit de répliquer* aux observations qui peuvent accompagner une réponse régulièrement insérée. (Arrêts des 24 août 1832, 21 février 1889).

9. — La personne nommée ou désignée dans un journal ne peut prétendre qu'elle a le droit *d'user indéfiniment du droit de réponse*, et, notamment, de prolonger à son gré un débat qu'elle a elle-même provoqué. (Arrêt du 25 mai 1882).

10. — Celui qui exerce le droit de répondre est *seul juge de l'opportunité, de l'étendue, de la forme et de la teneur de la réponse* dont il entend réclamer l'insertion. *A ces divers points de vue, il n'a pas à subir le contrôle du journaliste.* (Arrêts des 26 mars 1841, 29 janvier 1842, 8 février 1850, 20 juillet 1854, 19 novembre 1869, 25 mai 1882, 29 mars 1884, 6 février 1886, 14 mai 1887, 8 mai 1890).

11. — Le journaliste ne peut refuser l'insertion intégrale de la réponse, sous prétexte ou de sa longueur ou de l'inutilité de quelqu'une de ses parties, ou de prétendus vices de rédaction. (Arrêt du 26 mars 1841).

12. —. Ni le journaliste, ni les tribunaux ne peuvent priver la personne nommée ou désignée du droit que la loi lui accorde, sous le prétexte que sa réponse contient des choses inutiles ou inexactes. (Arrêt du 29 janvier 1842).

13. — Le droit de réponse peut être exercé même lorsqu'il s'agit d'un article de critique littéraire ou théâtrale. (Arrêts des 19 janvier 1826, 11 septembre 1829, 27 novembre 1845, 17 juin 1898).

14. — Il n'est pas fait exception à l'exercice du droit de réponse pour le compte rendu des séances d'une assemblée législative ou des audiences des tribunaux (arrêt du 8 février 1850) ; — non plus que pour le compte rendu des séances des conseils municipaux (arrêt du 20 mars 1884).

15. — Si le droit qu'a toute personne nommée ou désignée dans un journal d'y faire insérer une réponse est général et absolu, ce droit ne peut toutefois s'exercer que dans *les limites de la légitime défense ;* en d'autres termes, l'exercice du droit de réponse doit se renfermer *dans la mesure des besoins d'une légitime défense.* (Arrêts des 17 mars 1865, 19 juillet 1873, 17 août 1883, 29 mars 1884, 21 février 1889, 10 avril 1891).

16. — Quelque général et absolu que soit le droit de réponse, il ne saurait autoriser celui qui l'exerce à déverser l'*injure* et la *diffamation* sur celui à qui la réponse est adressée, et moins encore sur des tiers étrangers au débat. (Arrêt du 21 janvier 1860).

17. — D'une manière plus générale, la jurisprudence a fixé dans les termes suivants *les limites de l'exercice du droit de réponse :* « S'il appartient aux tribunaux de limiter l'exercice du droit de réponse, c'est *dans le cas seulement où les termes de la réponse seraient contraires*

à la loi, ou aux bonnes mœurs, ou bien à l'honneur ou à la considération du journaliste, ou enfin à l'intérêt légitime des tiers étrangers au débat. » (Arrêts des 26 mars 1841, 29 janvier 1842, 8 février 1850, 20 juillet 1854, 17 novembre 1869, 19 juillet 1873, 18 novembre 1881, 17 août 1883, 20 et 29 mars 1884, 6 février 1886, 14 mai 1887, 21 février 1889, 8 mai 1890, 10 avril 1891).

18. — Dans l'appréciation d'une réponse, les juges sont fondés à prendre en considération *la nature et la forme de l'attaque, les besoins de la défense et la juste susceptibilité de la personne nommée ou désignée.* (Arrêts des 20 juillet 1854, 6 février 1886, 8 mai 1890).

19. — Des *vivacités de langage, même blessantes*, peuvent être justifiées par *l'agression*, surtout lorsque celle-ci est *injurieuse*. (Arrêts des 24 mars 1884, 6 février 1886).

20. — C'est au journaliste qui a refusé l'insertion, de justifier « de *l'impossibilité légale* où il s'est trouvé de respecter l'intégrité de la réclamation à lui adressée. » (Arrêt du 7 novembre 1834).

21. — Il ne peut y avoir exception à l'obligation étroite pour le journaliste de faire l'insertion dans le délai légal, que s'il allègue et s'il justifie, devant les juges du fait, qu'il y a eu de sa part impossibilité matérielle à satisfaire, dans ce bref délai, à la réquisition d'insertion qu'il avait reçue. (Arrêt du 9 août 1872).

22. — Le journaliste n'est soumis à l'observation d'aucun délai, ni d'aucune formalité, en matière de refus d'insertion de la réponse d'une personne nommée ou désignée dans son journal : il suffit qu'il soumette aux tribunaux ultérieurement saisis les motifs de son abstention et les leur fasse agréer. (Arrêt du 6 janvier 1865).

23. — Aucune disposition de la loi *n'oblige* le journaliste à diviser et à scinder la réponse qui lui est adressée. Et son refus d'insertion ne peut être critiqué par le motif qu'il aurait pu tout au moins insérer les passages de la réponse qui ne portaient aucune atteinte à son honneur et à sa considération..... Au demeurant, lorsque, devant la justice, l'auteur d'une réponse injurieuse ou offensante pour le journaliste n'offre d'en supprimer aucun passage, c'est avec raison que les juges du fait refusent d'ordonner l'insertion de cette réponse considérée à bon droit comme *un ensemble indivisible*. (Arrêt du 17 août 1883).

24. — La réponse de la personne nommée ou désignée dans un article de journal constituant *un ensemble indivisible*, il n'appartient pas au journaliste de diviser et de scinder la réponse qui lui est adressée, pour n'en insérer que des extraits : cette *insertion partielle* ne satisfait pas aux prescriptions de l'article 13 de la loi du 29 juillet 1881. (Arrêt du 14 mai 1887).

25. — Le refus d'insertion constitue un *délit*, et le journaliste qui l'a commis doit au moins être condamné aux dépens envers la partie civile, si une réparation plus ample n'est pas jugée nécessaire. (Arrêt du 12 juillet 1884).

26. — La personne qui se prétend lésée par un article de journal où elle est nommée ou désignée, peut, sans doute, poursuivre devant les tribunaux répressifs la réparation civile des injures ou diffamations qui y seraient contenues ; mais cette action est indépendante de celle qui a pour objet d'obtenir l'insertion d'une réponse, en vertu de l'article 13 de la loi du 29 juillet 1881. (Arrêt du 20 mars 1884).

27. — Lorsqu'un article de journal, en nommant un

autre journal, a entendu désigner une ou plusieurs personnes déterminées, telles que le gérant, le directeur ou
les administrateurs, ces personnes sont certainement
investies du droit de réponse ; *mais ce droit ne saurait
appartenir au journal lui-même, s'il a seul été nommé,
parce que le journal ne constitue pas une personne.* (Arrêt
du 21 mai 1897).

Mais il est de la plus haute importance d'observer que
les tribunaux et les cours d'appel ne sont pas appréciateurs
souverains du véritable *caractère légal* d'une réponse, ni,
par suite, de la légitimité d'un refus d'insertion. A cet égard,
la Cour de cassation est investie d'un *droit de contrôle*
qu'elle s'est toujours montrée justement jalouse d'exercer.
Parmi de très nombreux arrêts, nous citerons les dates
des plus importants et des plus explicites :

Arrêts des 26 mars 1841 (arrêt cité *suprà*, ch. i);
—   31 déc. 1857, Dalloz, 1858, i, 142 ;
—   21 janv. 1860 (arrêt cité *suprà*, ch. i);
—   6 janv. 1865   (id.)
—   17 mars 1865, Dalloz, 1865, v, 308 ;
—   19 nov. 1869 (arrêt cité *suprà*, ch. i) ;
—   1er déc. 1875, Dalloz, 1877, i, 67 ;
—   17 août 1883 (arrêt cité *suprà*, ch. i) ;
—   29 mars 1884   (id.)
—   12 juill. 1884   (id.)
—   14 mai 1887   (id.)
—   8 mai 1890   (id.)
—   10 avril 1891   (id.)

En rapprochant ceux de ces arrêts qui concernent les
restrictions apportées à l'exercice du droit de réponse,

nous sommes amenés à délimiter ainsi qu'il suit l'étendue du droit de réponse des particuliers :

Il suffit, pour que le droit de répondre soit acquis à une personne, que cette personne ait été nommée ou désignée dans un journal ou écrit périodique.

Cette personne est seule juge de l'*utilité* de sa réponse, comme de sa *teneur*.

Toutefois, en ce qui concerne la teneur de la réponse, cette règle admet une exception nécessaire : le droit de réponse, en effet, ne saurait aller jusqu'à autoriser celui qui en use à exiger l'insertion d'une réponse dont les termes seraient contraires aux lois ou à la morale publique, ou susceptibles d'atteindre des personnes, telles que des tiers ou le journaliste lui-même, dans leurs intérêts ou dans leur honneur ; aussi les gérants de journaux, et, après eux, les juges, ont-ils le droit d'examiner le contenu de la réponse dans le but de constater si elle contient ou non quelque chose de coupable ; mais c'est dans ces étroites limites seulement que se renferment les pouvoirs des tribunaux et les droits du gérant en ce qui concerne l'appréciation de la teneur de la réponse.

Il suffit que la réponse ne contienne rien de contraire : aux lois, aux bonnes mœurs, à l'intérêt légitime des tiers ou à l'honneur du journaliste, pour que le gérant soit tenu de l'insérer, et pour que les tribunaux se trouvent dans l'obligation de l'y contraindre, s'il s'y refuse.

Ceci dit, nous devons insister plus particulièrement sur quelques-unes des circonstances dont l'intervention peut constituer un obstacle à l'exercice du droit de réponse.

C'est ainsi que nous examinerons successivement les cas de :

1. — Réponse contraire aux lois ou aux bonnes mœurs.

Ce n'est pas seulement un droit pour le gérant que de refuser l'insertion d'une telle réponse ; son devoir même l'oblige si catégoriquement à le faire qu'il ne saurait arguer de la soi-disant nécessité, — elle n'existe pas en pareil cas, — où il se serait trouvé de l'accorder, pour se soustraire aux responsabilités des délits qui y sont contenus.

2. — Réponse contraire à l'intérêt des tiers ou à l'honneur du journaliste.

Il suffit, d'autre part, pour légitimer un refus d'insertion, que la réponse contienne des appréciations de nature à porter atteinte à l'intérêt des tiers ou à l'honneur du journaliste.

Le mot *tiers* désigne les personnes étrangères au débat.

A ce sujet, il a été jugé par la Cour de cassation que le propriétaire-rédacteur en chef d'un journal, *sur les indications duquel* a été insérée une lettre par laquelle il révoquait un rédacteur, lettre qui a été l'origine du débat, ne saurait être considéré comme un tiers; et que, par suite, le gérant du journal ne serait pas fondé à refuser l'insertion de la réponse adressée par le rédacteur renvoyé, sous prétexte qu'elle contiendrait des attaques dirigées contre le propriétaire-rédacteur en chef, considéré comme tiers étranger au débat (1).

Ne sont d'autre part considérés en aucun cas comme tiers : ni le gérant, qui a assumé la responsabilité de l'ar-

_____

(1) Crim. cass., 18 nov. 1881 ; Sirey, 82, 1, 236.

ticle en le publiant, ni le journal, considéré comme être intellectuel ou industriel.

Mais le gérant peut incontestablement refuser l'insertion d'une réponse conçue en termes offensants pour le journaliste auteur de l'article primitif, pour le gérant, ou pour le journal lui-même (1).

Cependant, il est à remarquer que le terme employé par les arrêts de la Cour de cassation n'est pas le même quand elle s'occupe de protéger les *tiers*, et quand elle s'occupe de protéger les *journalistes*.

Le mot *intérêt* dont ils se servent dans le premier cas est bien plus large que le mot *honneur* qu'ils emploient dans le second ; en effet, intérêt implique honneur, un intérêt pouvant être aussi bien moral que matériel ; et honneur n'implique pas intérêt.

Ce n'est pas à dire, pour autant, que le journaliste soit placé dans une situation inférieure ; cette nuance est destinée tout simplement à indiquer que, quand la réponse s'attaque uniquement au journaliste, c'est-à-dire, ne l'oublions pas, à celui qui a *commencé*, à celui dont on peut même dire légitimement quelquefois qu'il a joué le rôle de *provocateur*, les tribunaux, dans l'appréciation qu'ils sont appelés à faire de cette réponse pour excuser ou non le refus d'insertion, doivent tenir compte tant de la nature et de la forme de l'attaque que des besoins de la défense et de la légitime susceptibilité de la personne désignée (2).

---

(1) Paris, 12 déc. 1846, Dall. 47, II, 221.

(2) Crim. cass., 19 juillet 1873, Dall. 77, I, 67 ; Chassau, t. I, p. 652 ; de Grattier, t. II, p. 108, XI.

3. — Réponse inexacte.

Les énonciations inexactes contenues dans la réponse, si elles n'ont rien d'injurieux ni d'offensant, ne peuvent justifier un refus.

4. — Réponse à une insertion émanant d'une personne étrangère à la rédaction du journal (annonces).

Pour résoudre la question de savoir si le droit de réponse est ouvert au profit d'une personne nommée ou désignée dans une insertion émanant d'une personne étrangère à la rédaction du journal, telle qu'une annonce, il importe tout d'abord de se demander si le journal a été libre ou non de refuser cette insertion.

S'il l'a été, il s'est en quelque sorte approprié le contenu d'une insertion que rien ne l'obligeait à faire, et il nous parait qu'il serait mal fondé à refuser d'insérer une réponse émanant d'une personne nommée ou désignée dans cette insertion primitive, sous prétexte qu'il est resté étranger à sa rédaction (1).

Or, nous ne sachons pas que les journaux soient jamais obligés actuellement d'insérer des annonces émanant de particuliers, quand ces annonces ne leur conviennent pas ; nous concluons donc que la publication d'une simple annonce permet à la personne qui y est nommée ou désignée d'user du droit de réponse dans le journal où elle a paru, alors même que ce journal est resté complètement étranger à sa rédaction.

Nous pensons même que le journal ne saurait se soustraire aux responsabilités qui peuvent éventuellement lui

_____

(1) Orléans, 29 mai 1863, Dall. 63, ii, 111.

incomber en pareil cas, par l'insertion en tête de ses colonnes d'une clause ainsi conçue : « Le journal décline
toute responsabilité quant à la teneur des annonces. » De
nombreux journaux ont cependant accoutumé de prendre
cette précaution qui nous semble inutile, entre autres le
journal le *Temps*.

En ce qui concerne les annonces judiciaires, nous ne
pouvons que nous rallier à une solution analogue, puisque, depuis le décret du gouvernement de la Défense nationale, déjà cité, du 28 décembre 1870, les journaux sont
dégagés de l'obligation formelle de les insérer, à quoi ils
étaient astreints sous l'empire du décret de 1852, et
qu'ils ont recouvré la liberté d'en refuser l'insertion quand
bon leur semble, aussi bien qu'en ce qui concerne les annonces émanant de particuliers.

5. — Réponse à un document dont l'insertion a été imposée
au journal.

La Cour de cassation a jugé (1) que le droit de réponse
n'est qu'un « moyen de défense contre le journal lui-même
et les appréciations *libres* de ses rédacteurs. » Ce qui
implique par *a contrario* que le droit de réponse ne saurait prétendre à s'exercer à propos d'insertions que le journal n'aurait pas été libre de refuser, ou dont il ne lui aurait pas été loisible de modifier à son gré la teneur.

C'est ainsi qu'il a été souvent jugé que le gérant du
Journal officiel, étant dans l'obligation de reproduire intégralement dans sa partie officielle tous les documents à
lui adressés par le gouvernement, ne saurait être tenu d'in-

---

(1) Cass., 6 janvier 1863, Dall. 63, i, 21.

sérer la réponse d'une personne désignée dans un de ces documents officiels, tel par exemple qu'un *communiqué* (1).

Mais il a été jugé également qu'à l'égard de tout article inséré dans la partie non officielle et n'ayant pas un caractère officiel, le gérant, qui est libre d'insérer ou non un pareil article, encourt toutes les responsabilités du droit commun (2).

6. — Réponse d'une personne qui a consenti à la publication d'un article où elle est nommée.

Plusieurs jugements et arrêts ont décidé que le fait par une personne d'avoir consenti à être nommée dans un journal exclut pour cette personne toute possibilité d'exercice du droit de réponse, si le journaliste s'est contenu dans les limites du consentement donné (3).

On sait que cette doctrine n'est pas tout à fait celle de la Cour de cassation, qui l'a prouvé tout récemment encore à propos de l'affaire Dubout-Brunetière, résumée plus haut; le consentement de M. Dubout à être « nommé » dans la *Revue des Deux-Mondes*, pour être tacite, n'en était pas moins formellement constaté par l'envoi, qu'il avait fait au critique dramatique de cet écrit périodique, d'une invitation à assister à la première représentation de son œuvre.

De même, il nous paraîtrait bien dur de refuser à l'avance à un auteur toute possibilité d'exercice du droit de réponse, même à propos d'un article conçu en termes sérieux et mesurés, sous le simple prétexte qu'en dépo-

---

(1) Trib. civ. Seine, 25 nov. 1868, Dall. 68, III, 112.
(2) Trib. civ. Seine, 2 fév. 1870, Dall. 70, III, 39.
(3) Douai, 29 janv. 1878, Dall. 80, II, 72.

sant son ouvrage dans les bureaux d'un journal, pour qu'il en soit rendu compte, il provoque ce journal à s'occuper de son œuvre, et par conséquent à le nommer.

7.— Réponse d'une personne qui n'a pas d'intérêt direct à répondre.

Il est vrai qu'aux termes d'une jurisprudence constante de la Cour de cassation, les tribunaux ni les gérants n'ont aucun droit d'appréciation sur le degré d'utilité d'une réponse, et que celui qui se trouve dans les conditions requises pour l'exercice du droit de réponse reste seul juge de l'intérêt qu'il peut avoir à l'exercer.

Mais il n'en est pas moins permis de se demander si, comme cela parait résulter de la jurisprudence de la Cour de cassation, la seule condition d'avoir été nommé ou désigné dans un journal doit nécessairement être considérée comme suffisante, alors même que la personne qui a été nommée ou désignée ne justifie d'aucun intérêt manifeste, pour légitimer une action en insertion forcée.

Nous estimons, pour notre part, avec M. de Grattier (1), que l'intérêt est la mesure des actions, et que le mot *réponse* employé par la loi « indique par lui-même que le droit qui y est attaché doit avoir pour base une cause qui en motive l'exercice. »

Ajoutons avec le même auteur, qu'il est donc nécessaire « que la personne qui veut l'exercer ait intérêt à le faire ; et que cet intérêt, dont l'appréciation est laissée aux tribunaux, doit être sérieux et légitime ; » et encore que, « dès qu'il réunit ces caractères, il importe peu qu'il

---

(1) T. xxi, p. 103, vi.

touche à la considération de la personne, à son honneur ou à sa fortune. »

Le droit de réponse n'étant d'ailleurs qu'une des formes du droit de défense personnelle, il nous paraît évident qu'il ne saurait y avoir lieu à réponse que là où il y a eu attaque, ou, tout au moins, atteinte portée aux intérêts d'une personne, ce mot « intérêts » étant pris dans son acception la plus large.

8. — Réponse fantaisiste ou contenant des développements absolument étrangers aux faits articulés dans l'article qui l'a motivée.

La personne nommée est seule juge de la forme à donner à sa réponse ; la Cour de cassation l'a déclaré maintes fois, et elle a appliqué cette formule de la façon la plus large.

Nous nous contenterons donc simplement d'observer qu'il ne pourrait y avoir exception à la généralité des termes de cette formule que si la réponse présentée comme telle n'était pas véritablement une réponse, ou si l'insertion réclamée contenait des développements absolument étrangers aux faits articulés dans l'article qui l'aurait motivée.

CHAPITRE III

Le droit de réponse dans les législations étrangères.

Belgique ; Suisse (Tessin, Schaffhouse, Grisons, Berne, Vaud) ; Allemagne ; Italie ; Espagne ; Serbie ; Égypte.

La plupart des législations européennes ont reconnu et réglementé le droit de réponse ; elles l'accordent en général, comme la législation française, à toute personne nommée ou désignée dans un journal ou écrit périodique.

La législation *espagnole* va même plus loin ; elle reconnaît ce droit aux époux, père, fils, frère de la personne mise en cause, en cas d'absence ou de toute autre impossibilité d'agir de la part de celle-ci, ou en vertu d'un pouvoir spécial (art. 15 de la loi du 26 juillet 1883).

Nous allons donc voir d'abord, d'une façon très générale, ce qu'ont décidé les principales législations étrangères en ce qui concerne :

A. — La question de savoir en quoi consiste le droit de réponse ;

B. — L'insertion de la réponse ;

C. — Les pénalités.

Puis nous examinerons l'une après l'autre, d'une façon un peu plus détaillée, les législations : Belge ; Suisse (pour les cantons du Tessin, de Schaffhouse, des Grisons, de Berne, de Vaud); Allemande; Italienne; Espagnole; Serbe, et Égyptienne.

A.— En quoi consiste le droit de réponse dans les principales législations étrangères.

La logique impose que la réponse doit se rapporter aux faits énoncés dans l'article qui provoque cette réponse. C'est le point de vue admis par plusieurs législations.

En Espagne, en Allemagne, en Serbie, le droit de réponse est admis pour rectifier des faits faux ou défigurés ; le réclamant ne saurait être admis à se prévaloir de sa désignation dans un journal, pour se servir des colonnes de ce journal comme d'une tribune propre à lui permettre de développer ses théories et obtenir ainsi un succès gratuit. La réponse doit contenir des faits réfutant les faits avancés qui ont été dénaturés ; et ce sera un cas de refus légitime d'insérer la réponse, de la part du journaliste, que celui où la réponse contiendra des appréciations philosophiques.

Cependant, la législation du canton de Vaud, contenue dans une loi de 1832, laisse la personne nommée ou désignée maîtresse absolue de sa réponse. Toute espèce d'élucubration est considérée comme une réponse, alors même qu'elle n'aurait qu'un rapport très éloigné avec le fond de l'article qui y donne lieu.

B. — Insertion de la réponse.

La réponse doit être insérée dans un délai aussi bref que possible pour pouvoir produire son effet ; c'est un principe universellement admis.

1. — En *Italie*, l'insertion doit avoir lieu dans *l'un des deux plus prochains* numéros parus à dater de la réception de la réponse.

2. — En *Espagne*, on fait une distinction : si la communication émane de l'autorité publique, l'insertion doit être faite dans le plus prochain numéro qui paraîtra après la réception ;

Si elle émane d'une corporation ou d'une personne privée, dans un des trois numéros suivants.

3. — En *Allemagne*, la loi ordonne l'insertion de la réponse dans le premier numéro non encore composé qui suit sa réception ; elle diminue donc d'un jour le délai accordé au rédacteur par la loi française.

4. — En *Serbie*, la loi des 12 et 24 mars 1881 décide que la réponse sera insérée dans le second numéro qui paraîtra après qu'elle aura été remise.

a). — Longueur de la réponse.

En ce qui concerne la longueur de la réponse, l'*Italie*, l'*Espagne*, la *Bulgarie*, la *Serbie* admettent, comme la loi française, que la réponse sera insérée gratuitement si elle ne dépasse pas une longueur double de celle de l'article qui y a donné lieu ; — l'excédent, s'il y en a un, devra être payé au prix du tarif ordinaire des annonces.

La loi de 1832 du *canton de Vaud* accorde seulement à l'auteur de la réponse l'insertion d'un nombre de lignes double de celui que contenait l'article qui l'a provoquée, de telle sorte que le journaliste peut supprimer la fin de la réponse, si elle excède ces proportions.

La loi la plus intéressante, ou, tout au moins, la plus originale à ce sujet, est la loi du 7 mai 1874 qui règle la matière de la presse en *Allemagne*. Elle dispose, dans son article 11, que « *l'insertion a lieu sans frais en tant que la réponse n'excède pas les proportions de l'article à rectifier. Pour les lignes en sus, il faut acquitter les droits d'insertion ordinaires.* »

Le législateur allemand a préféré cette solution à celle des autres législations ; il a été guidé par cette considération, que la limite arbitraire qui fixe au double de la longueur de l'article l'espace dont la réponse peut disposer, n'est pas en rapport avec la réalité des faits.

Il se peut, il est vrai, fort bien qu'une rectification très courte suffise à répondre à un article très étendu, si la personne qui répond n'a été, par exemple, désignée qu'incidemment ; mais il n'est pas moins vrai d'objecter, réciproquement, qu'un article très court et très adroit peut nécessiter une longue réponse (législation belge), et que cette disposition de la loi allemande ne paraît pas pouvoir s'étendre à ce dernier cas. C'est donc une première raison pour la regretter. Une autre raison qui fait qu'elle n'est pas à imiter, c'est qu'elle ne peut manquer d'être une source de procès et de chicanes, le terme « *proportions* » étant vraiment par trop vague.

Il est donc beaucoup préférable d'admettre une solution qui permette au rédacteur du journal de savoir d'avance à quoi l'expose la publication de son article.

Il n'y a donc, d'autre part, suivant cette disposition de la loi allemande, de gratuit, que ce qui se trouve rentrer dans les « proportions » de l'article à rectifier ; tout ce qui dépassera les limites d'une rectification jugée proportionnelle sera taxé au prix des annonces.

b). — Place de la réponse.

Quant à la place que doit occuper la réponse, on admet généralement qu'elle doit être insérée à la même place que l'article qui l'a provoquée, et avec la même composition typographique.

La loi *allemande* et la loi *bulgare* disent expressément que la réponse doit être insérée sans interpolations, ni suppressions, sans modification aucune en un mot ; elle doit contenir du premier au dernier mot du texte tout ce que l'auteur de la réponse a écrit, et rien que ce qu'il a écrit.

La loi française a omis cette prescription, qui a pourtant une grande importance, parce que le journaliste peut dénaturer par ruse ou par malveillance la réponse faite, en intercalant des commentaires ; un député avait bien proposé à la Chambre, lors de la discussion de la loi, d'ajouter au texte ces mots: « *sans observations ni commentaires* ; » mais son amendement fut rejeté.

c). — Pénalités.

La pénalité généralement admise, lorsqu'il y a refus d'insérer, est l'amende.

BELGIQUE

Le texte législatif fondamental en matière de presse est, en Belgique, le décret du 20 juillet 1831 ; il introduit dans la législation belge le droit de réponse. Pour en faire usage, il suffit d'être cité « nominativement » ou « indirectement, » donc d'être désigné. L'article 13 du décret de 1831 donne le droit de faire insérer une réponse ; la loi

vaudoise emploie le même terme sans le définir davantage, ce qui a donné lieu à des abus de ce droit, qui doit
être considéré seulement comme la faculté de rectifier des
faits, et non de parler de choses sans rapport avec l'article sur lequel on motive l'envoi d'une réponse.

SUISSE

L'article 45 de la Constitution fédérale de 1848 est ainsi
conçu :

« La liberté de la presse est garantie. Toutefois les lois
cantonales statuent sur les mesures nécessaires à la répression des abus ; ces lois sont soumises à l'approbation
du Conseil fédéral. »

Cet article a passé sans modifications dans la constitution du 29 mai 1874.

D'autre part la presse est réglementée, en Suisse, par
les articles 69-72 du titre VII du Code pénal fédéral pro-
mulgué le 6 avril 1853 et entré en vigueur le 1er mai de la
même année.

A l'heure qu'il est toutes les constitutions cantonales
renferment la garantie de la liberté de la presse, sauf
cependant celle du *canton des Grisons,* du 23 mai 1880.

On peut diviser les cantons en deux groupes au point
de vue de la réglementation de la liberté de la presse :

1° Ceux qui possèdent une loi spéciale sur la presse, ou
qui, possédant une loi, renvoient d'autre part au Code
pénal (Genève, Tessin, Schaffhouse, Grisons, Obwald,
Lucerne, Vaud, Fribourg et Valais) ;

2° Ceux qui n'ont pas de loi spéciale, mais dont le Code
pénal renferme des dispositions spéciales à la presse

(Saint-Gall, Zurich, Soleure, Zoug, Appenzell, Berne, Bâle-Ville, Argovie, Thurgovie, Glaris et Neuchâtel).

Nous ne nous occuperons, dans chacun de ces deux groupes, que des cantons dont la législation admet le droit de réponse.

1° Cantons dont la législation admet le droit de réponse, parmi ceux qui possèdent une loi spéciale sur la presse, ou qui, possédant une loi, renvoient d'autre part au Code pénal :

Ce sont les cantons du *Tessin*, de *Schaffhouse* et des *Grisons*.

TESSIN.

La loi sur la presse date du 13 juin 1834 ; elle admet le droit de réponse.

SCHAFFHOUSE.

La loi sur la presse date du 15 décembre 1837. L'article 2 attribue un droit de réponse à l'autorité, à la corporation ou à la personne privée simplement désignée, pour rectifier les faits.

Il s'agit donc d'une rectification, qui doit paraître sans altérations et gratuitement dans l'un des deux plus prochains numéros à dater de sa réception.

GRISONS.

La loi sur la presse date du 13 juillet 1839. Le droit de rectification de faits *faux* est accordé à « quiconque est lésé directement ou indirectement. » L'usage de ce droit nous semble beaucoup trop étendu au point de vue des personnes auxquelles il est attribué, puisque même les personnes lésées « indirectement » ont le droit de répondre aux allégations du journal.

2° Cantons dont la législation admet le droit de réponse parmi ceux dont le Code pénal renferme des dispositions spéciales à la presse :

Ce sont les cantons de *Berne* et de *Vaud*.

Berne.

Les articles 240 à 247 du Code pénal du 30 janvier 1866 ont trait à la police de l'imprimerie et à la responsabilité relative aux publications de presse.

Le droit de réponse est admis en tant que rectification de faits allégués dans le journal. L'auteur de la réponse est seul responsable de son contenu. La réponse doit être insérée, sans addition ni omission, dans l'un des deux plus prochains numéros et peut avoir une longueur double de celle de l'article qui en est la cause.

Vaud.

La loi vaudoise sur la presse date du 26 décembre 1832.

L'article 36 règle l'exercice du droit de réponse accordé aux particuliers. Cet article se contente d'autoriser l'envoi d'une réponse par toute personne nommée ou désignée à propos d'un fait quelconque.

L'article dit que l'éditeur du journal, « dans lequel au- » ront été publiés des faits *relatifs* à une personne, sera » tenu d'y insérer gratuitement la réponse de ladite per- » sonne dans un des deux premiers numéros qui suivront » la demande. » Cette réponse ne doit pas dépasser le double du nombre des lignes de l'article où l'attaque s'est produite.

Ce sont là des garanties bien peu efficaces, et pour le public et pour la presse.

Aussi, dans le projet de Code pénal de 1882 qui apportait d'importantes modifications au régime de la presse, trouve-t-on visiblement trace de la préoccupation de remédier à cet état de choses.

C'est ainsi que ce projet dispose que l'insertion de la réponse doit être faite intégralement, textuellement, sans suppressions ni interpolations, à la même place, avec les mêmes caractères et d'une manière aussi lisible que l'article auquel elle répond.

ALLEMAGNE

La loi du 7 mai 1874, qui régit la presse dans toute l'étendue de l'empire allemand et qui rentrait dans la compétence législative de l'empire, à teneur du n° 16 de l'art. 4 de la Constitution du 16 avril 1871 introduit dans la législation allemande le principe de la liberté de la presse ; mais elle règle aussi d'autre part d'une façon assez précise la faculté accordée aux particuliers et aux autorités publiques de réclamer l'insertion d'une réponse à un article dirigé contre eux, c'est-à-dire le droit de réponse.

Le droit de réponse est accordé aux particuliers et autorités publiques, *intéressés* à l'insertion de la réponse. Il faut qu'il y ait un intérêt, et cette règle n'est d'ailleurs que l'application du principe général : *ubi nullum negotium, ibi nulla actio.*

Les personnes morales sont admises au bénéfice de ce droit.

La réponse doit être insérée *sans interpolations ni*

suppressions. Elle doit contenir tout ce que son auteur a écrit, et rien que ce qu'il a écrit. La loi française a, nous l'avons remarqué déjà antérieurement, oublié de mentionner cette prescription, qui ne semble pas inutile lorsqu'on voit les réponses coupées de réflexions que les journaux publient en l'absence de cette règle ; c'est volontairement cependant que notre loi a commis cette omission, puisqu'un amendement tendant à y introduire les mots « sans observations ni commentaires » fut repoussé par la Chambre des députés.

La loi comprend sous le nom de réponse une *rectification alléguant des faits.* Le réclamant doit envoyer une rectification, une énonciation conforme à ce qu'il estime la vérité, de faits dénaturés ; toutes considérations philosophiques ou digressions lui sont interdites ; en dehors d'une rectification, il ne pourra réclamer aucune insertion du journal.

De plus, cette rectification doit contenir l'allégation de *faits ;* c'est ainsi que toute appréciation de caractère, de conduite, doit en principe être rejetée ; mais il est clair cependant qu'une appréciation de cette nature peut toujours se ramener à un fait, et c'est ce qui fait que la distinction peut être fort délicate à faire.

Les rectifications doivent être signées par celui qui les envoie.

La loi allemande ordonne l'insertion de la réponse dans le premier numéro non encore composé qui suit la réception ; nous avons remarqué qu'elle diminue ainsi d'un jour le délai accordé au rédacteur par la loi française.

La réponse doit être insérée dans la même partie de

l'imprimé et avec les mêmes caractères que l'article qui y
a donné lieu.

Elle est gratuite en tant qu'elle ne dépasse pas les
« *proportions* » de l'article à rectifier. Les applications
de cette règle sont, nous l'avons vu, bien élastiques ; elles
peuvent prêter à des injustices involontaires, mais graves
néanmoins ; l'appréciation des « proportions » de la réponse pourra de plus fort bien servir, dans certains cas,
de prétexte à des procès et à des tracasseries réciproques.

Répétons donc que nous estimons que cette disposition,
d'ailleurs correcte théoriquement, nous paraît de nature
à soulever des difficultés entre la presse et les réclamants.

N'est-il pas préférable, infiniment, que la rédaction de
la loi soit, sur ce point, telle, que le journaliste, d'une
part, sache exactement à l'avance à quoi il s'expose par
la publication de tel ou tel article, et que, d'autre part, l'intéressé connaisse aussi exactement l'étendue de son droit ?

C'est le résultat qu'on obtient en fixant, comme l'ont
fait d'ailleurs la plupart des lois qui ont prévu et réglementé le droit de réponse, les limites de l'espace accordé
pour la réponse au double par exemple du nombre des
lignes de l'article à rectifier.

Tout ce qui dépasse les limites d'une rectification jugée
« proportionnelle » à l'attaque doit être inséré moyennant paiement au taux des annonces.

C'est ainsi que la loi allemande réglemente l'exercice
du droit de réponse.

Il faut reconnaître qu'elle le fait, dans une certaine mesure tout au moins, d'une manière plus étroite que notre
législation ; la précision qu'elle prend soin de donner aux
détails qui doivent concourir à son application, en ce qui

concerne par exemple le respect dû à la forme, au texte
de la rectification et à son contenu, laisse moins de champ
à l'appréciation de la jurisprudence.

Mais en revanche la question de l'étendue de la réponse
est laissée à l'appréciation du rédacteur d'abord et des
tribunaux ensuite, ce qui, étant donné qu'il est permis de
penser que l'exercice du droit de réponse sera réclamé,
le plus souvent à propos de questions politiques, et quelquefois par des personnages influents, pourra devenir
inquiétant, s'il se trouve que les magistrats appelés à en
connaître ne présentent pas toutes les garanties d'impartialité désirables.

Il est à remarquer que, pas plus que la loi française, la
loi allemande n'a prévu de délai de prescription pour
l'exercice de notre droit.

Le projet de la Commission contenait une disposition
aux termes de laquelle le rédacteur qui aurait des doutes
sur l'obligation d'insérer une réponse, pour quelque motif
que ce fût, était autorisé à provoquer immédiatement une
décision judiciaire à ce sujet, décision rendue sur le vu
de la réponse, sans recours, par le tribunal compétent.
Un député proposait d'autre part un amendement à cette
proposition, aux termes duquel le rédacteur pouvait exposer ses doutes au public dans le journal même où il
s'agissait de publier la réponse, auquel cas c'était à l'intéressé à requérir la décision du tribunal.

Ces deux propositions furent rejetées.

Toutes deux permettaient au rédacteur de gagner du
temps ; mais la seconde lui faisait vraiment la part trop
belle, en lui permettant, après qu'il avait attaqué, d'exprimer un doute plus ou moins sincère que le désir seul

de retarder l'insertion d'une réponse avait pu le pousser
à simuler, et d'imposer à un individu, peut-être injustement attaqué ou pris à partie, le surcroit d'ennui d'avoir
à se livrer à des démarches pour obtenir la publication
d'une rectification, dont chaque jour de retard ne pouvait
qu'affaiblir la valeur et la portée.

La loi interdit la publication des pièces de la procédure
pénale avant la fin de la procédure ou le commencement
des débats.

ITALIE

La liberté de la presse est garantie en Italie par la Constitution du Piémont, du 8 mars 1848, qui régit maintenant
tous les États de la péninsule ; l'article 28 de cette constitution dit simplement : « La presse est libre ; une loi en
réprimera les abus. »

Le 26 mars 1848, fut promulguée la loi que la Constitution
annonçait.

Le gérant de tout journal est soumis à l'obligation de
l'insertion d'un article dans deux cas :

1° Si l'insertion est réclamée par l'autorité pour un avis,
un renseignement, une relation officielle, une rectification
ou tout autre écrit. L'insertion est payée par l'autorité
au taux des annonces, ou, si le journal n'en publie pas, au
taux des annonces judiciaires.

Tout journal, imprimé périodique, est donc tenu à l'insertion des avis du gouvernement, qu'il ait l'habitude ou
non de recevoir des annonces. La loi allemande au contraire ne prévoit cette obligation qu'à l'égard des journaux
« annonciers. »

2° L'insertion forcée a lieu dans le cas de l'exercice du

droit de réponse, lequel est accordé à toute personne nommée ou désignée dans le journal. L'insertion doit avoir
lieu dans l'un des deux plus prochains numéros à dater de
la réception de la réponse, qui paraît gratuitement en tant
qu'elle ne dépasse pas le double du nombre des lignes de
l'article auquel elle se rapporte. Le surplus se paie au taux
des annonces.

La loi italienne n'exige pas d'autres conditions, soit de
la part de l'auteur, soit de la part du gérant.

ESPAGNE

La Constitution espagnole du 30 juin 1876 abolit la censure en ces termes à son article 13 : « Tout Espagnol a le
droit d'émettre librement ses idées et ses opinions par la
parole, l'écriture, en se servant de l'imprimerie ou d'un
procédé semblable, sans être soumis à la censure préalable. »

Une loi du 8 janvier 1879 sur l'exercice de la liberté de
la presse a été abrogée et remplacée par la loi du 26 juillet
1883, sans que cette dernière ait apporté de grandes modifications à l'état de choses existant avant cette époque.

Le droit de réponse est admis pour rectifier des faits
faux ou défigurés.

La rectification doit être insérée à la même place que
celle où a paru l'attaque, intégralement et sans interpolations. L'étendue de la réponse gratuite est limitée au double
du nombre de lignes de l'article qui l'a provoquée. Ce
droit de réponse ne peut s'exercer que sur l'objet qui a
causé l'attaque, et il appartient, dans le cas d'imputations
contre un mort, aux père et mère, époux, fils et frères de

la victime et aux héritiers. Il appartient aux parents susnommés si le lésé vivant est dans l'impossibilité de répondre.

SERBIE

La loi serbe date du 12-24 mars 1881. Elle accorde le
droit de réponse aux autorités, au sujet d'actes inexactement rapportés ; il ne s'agit donc pas de la faculté de répondre à tout jugement ou appréciation sur la conduite des
autorités.

Aux particuliers, le droit de réponse est donné à l'égard
de faits personnels ou de calomnies dirigées contre eux.
La réponse doit être une rectification.

Elle doit être insérée dans le deuxième numéro qui paraîtra après qu'elle aura été remise, gratuitement si elle
ne dépasse pas une longueur double de celle de l'article
primitif.

ÉGYPTE

En Égypte comme en Turquie, le droit d'imprimer et de
publier un journal ou tout autre écrit n'est que toléré ;
la presse possède cependant quelques garanties, inscrites
dans le décret du 26 novembre 1881. Aux termes de ce
décret, toute personne nommée ou désignée dans un journal a le droit de répondre. La réponse peut être cinq fois
plus longue que l'article auquel elle se rapporte.

L'État s'est, d'autre part, réservé le droit de faire insérer gratuitement, en tête d'un journal, les annonces et
avis émanant du ministère de l'intérieur.

L'Égypte applique encore aujourd'hui le régime des

avertissements et des suspensions, comme la Russie et la Turquie.

Elle s'attribue un droit régalien sur la publication du journal, exige l'autorisation préalable et étend beaucoup plus que les lois d'Europe la portée du droit de réponse.

———

CHAPITRE IV

Modifications susceptibles d'être apportées aux dispositions de la législation française.
Où en sont les projets de réformes.

Disons tout d'abord, d'une manière générale, que le peu d'efficacité de la responsabilité, le manque de précision et dans certains cas l'insuffisance des dispositions répressives, l'absence de certaines définitions de faits délictueux, l'accumulation des pièges de procédure qui ont été semés sur le chemin des particuliers et même des administrations publiques, lorsqu'ils ont à traduire les journalistes devant les tribunaux, tout cela nous semble appeler une réforme. Nos premières observations de détail porteront, en particulier, sur les points suivants :

1° Utilité de l'insertion dans la loi d'une disposition aux termes de laquelle la réponse doit être insérée sans interpolations ni suppressions ;

2° Utilité de l'insertion dans la loi d'une disposition aux termes de laquelle il est interdit au journal de répliquer, d'une manière directe ou indirecte, par interpolations ou d'un seul tenant, dans le numéro où la réponse paraît ;

3° Utilité pour la loi de prévoir un délai de prescription pour l'usage du droit de réponse ;

4° Utilité pour la loi de préciser les circonstances dans lesquelles la teneur même de la réponse est telle qu'elle dégage le gérant de l'obligation de l'insérer ;

5° Extension possible du droit de réponse à la publication des livres ;

6° Adoption d'un texte de loi formel disposant :

Il n'y a pas lieu à exercice du droit de réponse en cas de critique littéraire, théâtrale, artistique ou scientifique.

1° Utilité de l'insertion dans la loi d'une disposition aux termes de laquelle la réponse doit être insérée sans interpolations ni suppressions.

La loi française omet de mentionner la disposition, insérée dans la loi allemande, qui veut que la réponse soit insérée sans interpolations ni suppressions, c'est-à-dire qu'elle ne contienne, du premier mot du texte au dernier, que ce que le réclamant a écrit, et tout ce qu'il a écrit (1).

Cette prescription ne semble pas un détail de minime importance quand on constate qu'il peut dépendre de la mauvaise foi d'un journaliste, secondée par son habileté professionnelle et son expérience, d'anéantir des raisonnements justes ou des arguments probants.

---

(1) V. cependant un arrêt de la Cour d'Amiens qui décide que la personne qui use du droit de réponse peut exiger que l'insertion ait lieu d'un seul contexte, sans *intercalation* de réflexions ou d'observations critiques (Amiens, 2 juin 1869, Dall. 1869, ii, 191) ;

Et un arrêt de la Cour de Douai qui décide que la personne nommée ou désignée dans un journal, qui use du droit de réponse prévu par la loi du 29 juillet 1881, peut exiger que l'insertion de sa réponse ait lieu *d'un seul contexte, sans coupure ni morcellement et sans intercalation d'observations critiques ou de réflexions.* (Douai, 13 novembre 1895, Dall. P., i, 2, 7).

Cela seul ne doit-il pas nous suffire à regretter l'omission du législateur, et à nous inspirer le désir de voir insérer dans la loi la règle suivante :

« La réponse doit être insérée intégralement, sans suppressions ni interpolations. »

2° Utilité de l'insertion dans la loi d'une disposition aux termes de laquelle il serait interdit au journal de répliquer, d'une manière directe ou indirecte, dans le numéro où la réponse paraît.

Au cours de la discussion de la loi de 1881, la Chambre des députés rejeta un amendement qui proposait de décider que la réponse devrait être insérée « sans observations ni commentaires ; » nous regrettons vivement que le principe qui inspirait cet amendement n'ait pas trouvé son application dans notre loi.

C'est par ce moyen seul que la rectification émanée de la personne mise en cause pourrait produire son plein effet moral sur les lecteurs du journal ; c'est ainsi seulement, peut-on même dire, qu'on arriverait à mettre sur un pied d'égalité vis-à-vis du public le réclamant avec le journaliste ; les allégations de ce dernier n'ayant été affaiblies, dans le numéro où elles ont paru, par aucun commentaire, ni réfutées par aucun argument, il n'est que juste que la réponse reçoive le même traitement.

On pourrait d'ailleurs ici rappeler par analogie, et toutes proportions gardées bien entendu, le principe de droit criminel qui veut que le dernier mot reste à la défense. Le réclamant ne se trouve-t-il pas en effet un peu ici dans la situation d'un accusé qui prend la parole pour se justifier ?

Que si la rectification contenait à son tour des faits inexacts ou inexactement rapportés, il serait toujours loisible au journaliste qui pourrait en produire une preuve de rétablir la vérité dans le numéro suivant, ce qui aurait l'avantage de sauvegarder les intérêts de la vérité, tout en évitant l'inconvénient de restreindre la portée morale de la rectification.

On pourrait donc dire :

« Il est interdit au journal de répliquer d'une manière directe ou indirecte dans le numéro où la réponse paraît. »

3° Utilité pour la loi de prévoir un délai de prescription pour l'usage du droit de réponse.

Si nous nous posons la question suivante :

La réquisition au gérant à fin d'insertion de la réponse peut-elle lui être valablement adressée plus de trois mois après la publication de l'article nommant ou désignant l'auteur de la réponse ?

Nous sommes obligés, pour y répondre, de faire une distinction.

Il est vrai que l'article 65 de la loi sur la presse déclare l'action publique et l'action civile résultant des infractions qu'elle prévoit prescrites après trois mois révolus *à compter du jour où elles auront été commises* ; mais l'infraction prévue par l'article 13 consiste dans le refus d'insertion opposé à l'auteur d'une réponse conforme aux prescriptions de la loi, et non dans la publication de l'article qui peut donner ouverture à l'exercice du droit de réponse.

Ce qui seul résulte de l'article 65, c'est que, trois mois après la publication du numéro du journal qui a paru sans

renfermer la réponse qu'il aurait dû contenir, l'action résultant de l'article 13 pour refus d'insertion est prescrite ;
mais, tant qu'il n'y a pas eu réquisition à fin d'insertion et
refus d'insérer, il n'y a pas d'infraction, et il ne peut donc
être question de la prescription de l'action résultant de
l'infraction prévue par l'article 13.

A la question que nous avons posée, nous sommes donc
fondés à répondre affirmativement, la loi n'ayant imparti
aucun délai autre que celui de la prescription trentenaire
à l'exercice du droit de réponse, envisagé indépendamment de l'action appartenant à l'auteur de la réponse pour
refus d'insertion.

La loi française n'a donc prévu aucun délai de prescription pour l'exercice du droit de réponse ; il en résulte manifestement qu'un particulier pris à partie pourra reprendre
des articles parus depuis plusieurs semaines, des mois
même, et réclamer, à raison de ceux-ci, l'insertion d'une
réponse suffisante pour remplir plusieurs numéros du
journal. Il est juste de dire que le simple bon sens proteste
contre une pareille manière d'agir, et qu'on n'a pas vu jusqu'ici se manifester une prétention aussi exorbitante. Il
est juste aussi d'ajouter qu'il est certain que la loi, en
réglementant le droit de réponse, a statué en vue d'une
réponse contemporaine de l'article qui y donne lieu, et
apparaissant comme une défense à une attaque dont le
souvenir est encore présent à la mémoire des lecteurs du
journal, de telle sorte que les tribunaux, par une juste
interprétation de la loi, pourront toujours déclarer légitime
le refus opposé par un gérant d'insérer une réponse visant
un article ancien et oublié.

Mais cela ne saurait suffire à nous empêcher de regretter que le législateur ait négligé de fixer le délai à l'expiration duquel toute réponse devient irrecevable.

Il serait donc utile, à notre avis, d'insérer dans la loi des dispositions inspirées par le principe que nous proposons d'énoncer comme suit :

« La personne qui veut faire usage du droit de réponse doit faire la réquisition dans un délai de..., à dater du jour de la publication de l'article auquel elle prétend répondre.

» Au cas où cette personne juge à propos de répondre en une seule fois à des articles parus dans plusieurs numéros du journal, l'étendue de la réponse se calcule sur le nombre de lignes de l'article où il a été le plus souvent ou le plus longuement parlé d'elle. »

4° **Utilité pour la loi de préciser les circonstances dans lesquelles la teneur même de la réponse est telle qu'elle dégage le gérant de l'obligation de l'insérer.**

La Cour de cassation a déclaré à maintes reprises, et par des arrêts si nombreux que nous devons nous contenter des citations que nous en avons faites au chapitre Ier, que le gérant d'un écrit périodique n'est point tenu d'insérer une réponse contraire à *l'ordre public*, aux *bonnes mœurs*, à *l'honneur du journaliste*, ou à *l'intérêt légitime des tiers*.

Un des plus récents parmi ces arrêts est rédigé de la façon suivante :

« Celui qui l'exerce (1) est seul juge de la forme, de la

.1) Le droit de réponse.

teneur et de l'utilité de sa réponse, et l'insertion n'en peut être refusée qu'autant qu'elle serait contraire aux *lois*, aux *bonnes mœurs*, à *l'intérêt légitime des tiers*, ou à *l'honneur du journaliste lui-même* (1). »

Ce sont là quatre exceptions bien tranchées. Sont-elles dans la loi ? Bien loin de là ; en 1881 on avait proposé de les insérer dans le texte, et cette proposition a été repoussée.

Pourtant la Cour de cassation a persévéré dans sa jurisprudence. Pourquoi ? Parce qu'elle est justifiée par le bon sens, par la nature même des choses ; parce que la Cour n'a pu admettre un instant que le législateur, malgré la généralité des termes dont il s'est servi, ait voulu faire une chose absurde.

Mais cela ne saurait nous empêcher de regretter cette généralité même et l'incertitude où elle peut laisser les intéressés en ce qui concerne l'interprétation de la loi, malgré la jurisprudence constante de la Cour de cassation, car ils peuvent l'ignorer, et car un point fixé en jurisprudence, même aussi certainement que celui-là, ne l'est jamais aussi solidement que par un texte de loi.

Nous exprimons donc le vœu de voir insérer dans un texte de loi le principe consacré par la jurisprudence de la Cour de cassation dans ces termes :

« Le gérant n'est pas tenu à l'insertion de la réponse lorsque les termes en sont contraires aux *lois*, aux *bonnes mœurs*, à *l'intérêt légitime des tiers*, ou à *l'honneur du journaliste lui-même*. »

_____

(1) Douai, 13 nov. 1895 ; Dall. P. 96, ii, 7.

5° **Extension possible du droit de réponse à la publication des livres.**

On ne peut, en présence de certains abus, que regretter que les auteurs des livres ne soient pas exposés, dans certains cas et dans certaines conditions, à fournir une réparation analogue à celle qui est imposée aux journalistes.

Malheureusement, on ne peut songer, le livre une fois paru — car ce serait une peine trop dure — à forcer l'auteur à publier une rectification à ses frais ; bien souvent d'ailleurs cette rectification serait inutile, car il est à présumer qu'elle resterait ignorée de la plupart des lecteurs du livre, à la différence de la réponse publiée dans un journal, qui ne peut manquer de tomber sous les yeux des abonnés ou même des lecteurs, qui reçoivent ou achètent chaque jour, ou périodiquement tout au moins, le numéro qui paraît.

Cependant, nous croyons qu'on pourrait exiger dans le cas où une deuxième édition serait faite, qu'elle contînt la réponse des personnes prises à partie, ou même que l'on insérât dans les volumes restant en magasin un carton contenant les réponses ou rectifications ordonnées par les tribunaux.

6° **Adoption d'un texte de loi formel disposant : Il n'y a pas lieu au droit de réponse en cas de critique littéraire, théâtrale, artistique ou scientifique.**

Nous avons expliqué par ailleurs que, tout en reconnaissant que dans l'état actuel de la législation, les juges ne peuvent faire autrement que reconnaître au profit des personnes nommées, désignées ou discutées dans un article de critique littéraire, théâtrale, artistique ou scientifique, l'exercice du droit de réponse, nous regrettions vivement que la généralité des termes de la loi ne fût pas restreinte sur ce point; nous ne pouvons donc que souhaiter voir ajouter au texte de la loi une disposition ainsi conçue :

« Il n'y a pas lieu au droit de réponse en cas de critique littéraire, théâtrale, artistique ou scientifique. »

Pour résumer *l'esprit* des quelques propositions que nous venons de formuler, nous voudrions donc :

D'une part, que le droit de réponse fût contenu dans de justes limites, et cela dans l'intérêt : *de la presse, de l'histoire* et *de la critique ;*

D'autre part, que le droit de réponse pût s'exercer *rapidement* et *efficacement.*

Comment parvenir à cet idéal ?

Deux moyens seulement nous sont ouverts :

1° *Par la jurisprudence ;*

2° *Par une loi nouvelle.*

1° *Par la jurisprudence.*

Il faudrait aux juges pour arriver à ce résultat, en même temps qu'un peu plus de hardiesse, un peu plus de sympathie pour la presse, et un peu plus d'esprit pratique.

A ce droit *général* et *absolu*, ils ont déjà admis de nombreuses exceptions ; est-il défendu de souhaiter les voir aller plus loin encore ?

Rien ne s'oppose à ce qu'ils s'attribuent un plus large pouvoir d'appréciation : ils se montreraient ainsi inflexibles dès qu'il s'agit :

De rectifier un fait erroné ;

De répondre à une articulation relative à la vie privée ;
De répondre à une injure.

Mais, ayant ainsi satisfait pleinement à l'esprit de la loi, ils s'adjugeraient, pour tout le reste, le droit d'examiner, de peser, et au besoin de repousser l'action en insertion forcée.

Ils régleraient enfin d'une façon plus précise et plus logique la longueur de la réponse.

Il est malheureusement à craindre que les magistrats n'entrent pas de sitôt dans cette voie nouvelle.

Demandons donc à une loi nouvelle de réaliser les modifications qui nous semblent utiles.

2° *Par une loi nouvelle.*

Elle est déjà faite ; elle a été votée à la Chambre des députés le 31 mars 1898, sur la proposition de M. Flandin.

Elle est conçue dans ces termes :

Proposition de loi sur la presse (1).

La Chambre des députés a adopté la proposition de loi dont la teneur suit :

Article unique. — Les articles 13... de la loi du 29 juillet 1881 sont modifiés comme suit :

Article 13. — « Le gérant sera tenu d'insérer, dans les trois jours de sa réception constatée par exploit d'huissier ou par récépissé qui ne pourra être refusé à l'agent des postes ou au porteur, ou dans le plus prochain numéro s'il n'en était pas publié avant l'expiration des trois jours, la réponse de toute personne nommée ou désignée depuis

----

(1) Proposition de loi adoptée le 31 mars 1898. N° 1144. Chambre des députés, sixième législature, session de 1898.

moins de trois mois dans le journal ou écrit périodique, sous peine d'une amende de 50 à 500 francs, sans préjudice des autres peines et dommages-intérêts auxquels l'article pourrait donner lieu.

» Cette insertion devra être faite à la même place et en mêmes caractères que l'article qui l'aura provoquée.

» Cette réponse sera gratuite, mais elle ne pourra dépasser le double de la partie de l'article s'appliquant au réclamant. Toutefois, celui qui usera du droit de réponse pourra exiger un minimum de cinquante lignes.

» Pendant la période électorale, le délai de trois jours prévu par le paragraphe 1er du présent article sera, pour les journaux quotidiens, réduit à 24 heures. La réponse devra être remise six heures au moins avant le tirage du journal dans lequel elle devra paraître. Dès l'ouverture de la période électorale, le gérant du journal sera tenu de déclarer au parquet l'heure habituelle à laquelle, pendant cette période, il entend fixer le tirage de son journal.

» Le délai de citation sur refus d'insertion sera de 24 heures, sauf pendant les trois jours qui précéderont le scrutin, durant lesquels la citation pourra être donnée d'heure à heure.

» Le tribunal pourra décider que le jugement ordonnant l'insertion, mais en ce qui concerne seulement cette insertion, sera exécutoire sur minute, nonobstant opposition ou appel.

» La réponse ne sera exigible que dans la ou les éditions où aura paru l'attaque.

» Sera assimilé au refus d'insertion et puni des mêmes peines, sans préjudice de l'action en dommages-intérêts, le fait de publier, dans la même circonscription électorale

où l'article aura paru, une édition spéciale d'où serait
retranchée la réponse que le numéro correspondant du
journal était tenu de reproduire (1). »

Quel est l'objet de cette proposition de loi ?

1° Elle limite, quant au temps et à l'étendue, l'exercice du
droit de réponse :

A. — Quant au temps.

Elle fixe, établissant ainsi un délai de *prescription*, à
un maximum de trois mois, le délai imparti à tout individu
nommé ou désigné dans un journal ou écrit périodique,
pour faire insérer sa réponse.

On sait que ce délai était jusqu'ici illimité.

B. — Quant à l'étendue :

1. — Elle décide, — à notre avis, avec beaucoup de
logique et de raison, — que l'étendue de l'espace accordé
au réclamant, pour répondre dans le journal où il a été
nommé ou désigné, sera égale, — non plus, comme par
le passé, au double de l'article où il a été pris à partie, —
mais au double de la *partie* de l'article qui s'applique à
lui.

2. — Mais elle prend soin de fixer à un espace minimum
de *50 lignes* l'espace accordé en tous cas, prévoyant ainsi
l'hypothèse très vraisemblable — que nous avons signalée
— où il sera impossible au réclamant de mesurer les proportions de sa réponse à celles d'un article très court et
très perfide.

3. — Enfin, ayant ainsi établi un régime qui nous paraît de nature à satisfaire aussi bien les journalistes que

(1) Délibéré en séance publique à Paris, le 31 mars 1898.
Les secrétaires, signé : A. Jourde, Henry Cochin, Jean Codet.
Le président, signé : H. Brisson.

les réclamants, elle supprime toute réponse payante, ce qui tend à l'excellent résultat de rétablir l'égalité entre tous les réclamants, riches ou pauvres.

2° Elle organise et réglemente, dans tous ses détails, efficacement, une procédure plus rapide pour le temps de *période électorale*, et cette dernière innovation a été universellement approuvée.

Cette proposition de loi, votée par la Chambre des députés le 31 mars 1898, a fait l'objet au Sénat d'un rapport de M. Thézard, présenté à cette assemblée par son auteur dans la séance du 5 avril 1898 ; elle a disparu avec la législature et n'a pas été reprise.

Ce rapport, dont on trouvera le texte aux annexes (n° 4), conclut à l'adoption d'un texte presque identique à celui qui fut voté par la Chambre le 31 mars 1898. Il propose, cependant, d'y apporter quelques modifications de détail, qu'il motive, et qu'il nous suffira, par suite, de signaler :

1° § 3 : Remplacement de la phrase : « Cette réponse sera gratuite, mais elle ne pourra dépasser le double..., etc., » par la phrase : « Elle sera gratuite, mais chaque réponse ne pourra dépasser le double...., etc. »

La nouvelle rédaction gagne, il est vrai, en clarté ; c'est là d'ailleurs son seul but.

2° Addition d'un § 4 entièrement nouveau et ainsi conçu : « Le temps accordé pour la réponse sera porté à six mois si, au moment de la publication, la personne nommée ou désignée dans un journal publié en France se trouvait à l'étranger ou aux colonies, ou si, réciproquement, elle se trouvait hors de la colonie où l'article a été publié. »

Cette excellente disposition nous paraît, sous une autre

forme, avoir été inspirée par le même sentiment d'équité vis-à-vis des absents, qui a fait inscrire dans la loi espagnole le principe suivant : « Il (1) appartient aux parents susnommés (2) si le lésé vivant est dans l'impossibilité de répondre. »

3° Remplacement de ces mots de l'ancien § 4, devenu § 5 : « Il entend fixer *le tirage* de son journal, » par ceux-ci : « Il entend fixer *la mise sous presse* de son journal. »

Il s'agit ici d'une modification de pure forme.

4° Remplacement du texte ainsi conçu de l'ancien § 6, devenu § 7 : « Le Tribunal pourra décider que le jugement ordonnant l'insertion, *mais en ce qui concerne seulement cette insertion*, sera exécutoire sur minute, nonobstant opposition ou appel, » par le texte nouveau suivant : « Le Tribunal pourra décider que le jugement ordonnant l'insertion sera exécutoire sur minute, nonobstant opposition ou appel, *mais en ce qui concerne seulement cette insertion.* »

Il ne s'agit, bien moins encore, ici, que d'un simple déplacement de mots.

La presse a-t-elle bien accueilli ce projet de réforme ?

Oui, d'une façon générale, mais sous quelques réserves qui sont assez nettement formulées dans un rapport, ou plutôt dans un résumé d'observations adressé aux membres du Sénat par l'Association et Syndicat de la presse républicaine départementale, à la suite de sa réunion en assemblée générale tenue, le 12 juin 1898, à Paris, au Grand-Hôtel.

---

(1) Le droit de réponse.

(2) Père, mère, époux, fils et frères.

On trouvera aux annexes (n° 5) le texte de ce rapport.

Nous nous contenterons de souligner simplement ici les parties essentielles de ce document.

De son examen, il résulte donc que la presse, tout en regrettant de n'y pas voir ajouter la modification consistant à adjoindre au mot « réponse » le mot « rectificative, » a, en somme, comme nous venons de le faire observer, bien accueilli les réformes introduites par la proposition de loi votée par la Chambre des députés, sur l'initiative de M. Flandin, dans la séance du 31 mars 1898.

Il n'en a pas été tout à fait de même en ce qui concerne les réformes préconisées par M. Thézard dans son rapport présenté au Sénat au cours de la séance du 5 avril 1898.

Elle regrette que, pas plus que l'auteur du projet voté à la Chambre des députés, le rapporteur au Sénat n'ait cru devoir proposer à ses collègues de substituer à l'expression actuelle : « *réponse*, » l'expression : « *réponse rectificative.* »

Mais elle critique en outre, d'une façon générale, presque tout ce qui, dans le rapport de M. Thézard, s'écarte de la rédaction de la proposition de loi votée à la Chambre des députés.

La plus intéressante de ses observations est celle qui concerne l'autorisation que l'honorable sénateur propose d'accorder à l'auteur de la lettre de réponse, de pénétrer dans les bureaux du journal pour obtenir, en échange de sa lettre, un récépissé qui ne pourra lui être refusé, et nous ne pouvons que souscrire aux arguments si indiscutables qu'elle invoque en faveur de la nécessité de la suppression de cette disposition.

Le reste porte sur des points de détail. Les dernières modifications apportées à la rédaction de la loi française l'ont considérablement améliorée ; souhaitons qu'elles soient bientôt consacrées par un texte de loi définitif ; nous aurons ainsi fait un grand pas vers le but, qui nous paraît être, en l'espèce, de limiter le droit de réponse à la rectification des faits, mais en prenant des précautions pour que cette rectification soit immédiate.

ANNEXES

1° LISTE DES AUTEURS CONSULTÉS

BARBIER. — Code expliqué de la Presse. Paris, 1887.

CELLIEZ ET LE SENNE. — Loi sur la presse, accompagnée des travaux de rédaction, le tout conforme au compte rendu *in-extenso* du *Journal officiel*. Paris, 1882.

CHASSAN. — Traité des délits et contraventions de la parole, de l'écriture et de la presse. Paris, 1846.

DUTRUC. — Explication pratique de loi du 29 juillet 1881 sur la presse, d'après les travaux parlementaires et la jurisprudence. Paris, 1882.

FABREGUETTES. — Traité des infractions de la parole, de l'écriture et de la presse. Paris, 1884.

FAIVRE ET BENOIT-LÉVY. — Code manuel de la presse. Paris, 1881.

DE GRATTIER. — Commentaire de la loi sur la presse. Paris, 1839.

PACCAUD. — Du régime de la presse en Europe et aux Etats-Unis. Lausanne, 1887.

SCHUERMANS. — Code de la presse belge ou Commentaire du décret du 20 juillet 1831 et des lois complétives de ce décret. Bruxelles, 1882.

2° TEXTES LÉGISLATIFS

Loi du 9 juin 1819, art. 8.

ART. 8. — Tout journal sera tenu d'insérer les publications officielles qui lui seront adressées à cet effet, par le gouvernement, le lendemain du jour de l'envoi de ces pièces, sous la seule condition du paiement des frais d'insertion.

Loi du 25 mars 1822, art. 11.

ART. 11. — Les propriétaires de tout journal ou écrit périodique seront tenus d'y insérer, dans les trois jours de la réception, ou dans le plus prochain numéro, s'il n'en était pas publié avant l'expiration des trois jours, la réponse de toute personne nommée ou désignée dans le journal ou écrit périodique, sous peine d'une amende de cinquante francs à cinq cents francs, sans préjudice des autres peines et dommages-intérêts auxquels l'article incriminé pourrait donner lieu. Cette insertion sera gratuite, et la réponse pourra avoir le double de la longueur de l'article auquel elle sera faite.

Loi du 9 septembre 1835, art. 17.

ART. 17. — L'insertion des réponses et rectifications prévues par l'article 11 de la loi du 25 mars 1822 devra avoir lieu dans le numéro qui suivra le jour de la réception ; elle aura lieu intégralement et sera gratuite, le tout sous les peines portées par ladite loi. Toutefois, si la réponse a plus du double de la longueur de l'article auquel elle sera faite, le surplus de l'insertion sera payé suivant le tarif des annonces.

(Loi abrogée par le décret du 6 mars 1848).

Loi du 27 juillet 1849, art. 13.

ART. 13. — Tout gérant sera tenu d'insérer en tête du journal les documents officiels, relations authentiques, renseignements et rectifications qui lui seront adressés par tout dépositaire de l'autorité publique. La publication devra avoir lieu le lendemain de la réception des pièces, sous la seule condition du paiement des frais d'insertion. Toute autre insertion réclamée par le gouvernement, par l'intermédiaire des préfets, sera faite de la même manière, sous la même condition, dans le numéro qui suivra le jour de la réception des pièces. Les contrevenants seront punis, par les tribunaux de police correctionnelle, d'une amende de 50 à 100 francs (1).

L'insertion sera gratuite pour les réponses et rectifications prévues par l'article 11 de la loi du 25 mars 1822, lorsqu'elles ne dépasseront pas le double de la longueur des articles qui les auront provoquées ; dans le cas contraire, le prix d'insertion sera dû pour le surplus seulement.

Décret organique sur la presse du 17 février 1852, art. 19.

ART. 19. — Tout gérant sera tenu d'insérer en tête du journal les documents officiels, relations authentiques, renseignements, réponses et rectifications qui lui seront adressées par un dépositaire de l'autorité publique. La publication devra avoir lieu dans le plus prochain numéro qui paraîtra après le jour de la réception des pièces.

L'insertion sera gratuite.

----

(1) Ce premier alinéa de l'article 13 a été remplacé par l'article 19 du décret du 17 février 1852.

En cas de contravention, les contrevenants seront punis
d'une amende de cinquante à mille francs. En outre, le
journal pourra être suspendu par voie administrative, pendant quinze jours au plus.

Loi du 11 mai 1868, art. 16.

Art. 16, 2ᵉ paragraphe. — La suspension, dans le
cas prévu par l'article 19 du décret du 17 février 1852, ne
pourra être prononcée que par l'autorité judiciaire.

Loi du 29 juillet 1881, art. 12, 13 et 34.

Art. 12. — Le gérant sera tenu d'insérer gratuitement,
en tête du prochain numéro du journal ou écrit périodique,
toutes les rectifications qui lui seront adressées par un
dépositaire de l'autorité publique, au sujet des actes de
sa fonction qui auront été inexactement rapportés
par ledit journal ou écrit périodique. Toutefois, ces rectifications ne dépasseront pas le double de l'article auquel
elles répondront. En cas de contravention, le gérant
sera puni d'une amende de 100 à 1.000 francs.

Art. 13. — Le gérant sera tenu d'insérer dans les trois
jours de leur réception, ou dans le plus prochain numéro,
s'il n'en était pas publié avant l'expiration des trois jours,
les réponses de toute personne nommée ou désignée dans
le journal ou écrit périodique, sous peine d'une amende
de 50 à 500 francs, sans préjudice des autres peines et
dommages-intérêts auxquels l'article pourrait donner lieu.
Cette insertion devra être faite à la même place et en
mêmes caractères que l'article qui l'aura provoquée. Elle
sera gratuite lorsque les réponses ne dépasseront pas le
double de la longueur dudit article. Si elles le dépassent,

le prix d'insertion sera dû pour le surplus seulement. Il sera calculé au prix des annonces judiciaires.

ART. 34. — Les articles 29, 30 et 31 ne seront applicables aux diffamations ou injures dirigées contre la mémoire des morts que dans les cas où les auteurs de ces diffamations ou injures auraient eu l'intention de porter atteinte à l'honneur ou à la considération des héritiers vivants ; ceux-ci pourront toujours user du droit de réponse prévu par l'article 13.

3° INTERVENTION DE DULAURE A LA SÉANCE DU 24 PRAIRIAL AN VII (1)

Exposé des motifs de la proposition Dulaure. Texte des articles additionnels proposés par Dulaure.

DULAURE. — « Je viens présenter quelques mesures additionnelles au projet qui vous est soumis : il est bien difficile dans la matière qui nous occupe de saisir le vrai point où commence la prohibition et où finit la tolérance ; la difficulté est encore de s'assurer si ce point une fois posé on ne saura pas le franchir, en trouvant des moyens non prévus d'exprimer une pensée séditieuse ou de proférer une calomnie. Cependant les circonstances exigent impérieusement une mesure sur la presse ; elle doit reparaître sans licence et ramener le jour de la vérité ; il est tems qu'elle luise sur les spoliateurs publics et sur les grands coupables que la force des tribunaux ne peut atteindre.

» Le moyen répressif proposé est juste ; mais est-il suf-

(1) *Moniteur universel*, séance du 24 prairial an VII.

fisant ? Je ne le crois pas ; il est des individus qui craignent la calomnie, mais qui redoutent encore plus les
procès ; il est des calomnies qui ne valent pas la peine
d'être dénoncées aux tribunaux ; il est des calomniateurs
tellement méprisables qu'on dédaigne de les traduire en
justice.

» Il faut un moyen supplétif à l'action de la loi, et les tribunaux, les rédacteurs de journaux, sont principalement
ceux que vous avez en vue dans cette discussion ; ils peuvent dispenser des représentations, distribuer justement
ou injustement la gloire ou le blâme, créer, fortifier, irriter, soulever les partis, causer enfin des maux incalcula-
bles. Il est une obligation à laquelle il faut les astreindre :
c'est de les forcer à insérer la réponse de tout citoyen qui
aura à se plaindre d'un article inséré dans le journal.
Cette proposition est évidente ; elle n'attente en rien à la liberté de la presse, mais la régularise. Un journal ne devient
pas ainsi l'arme d'un parti, mais une arène dans laquelle
l'accusateur et l'accusé ont une place égale ; la malveillance, et l'influence des journalistes, sera ainsi neutralisée ;
les lecteurs de journaux ne seront plus trompés, mais de-
viendront juges d'une cause qui leur sera soumise. »

**Propositions additionnelles au projet de résolution relatif à
la répression des délits de la presse, par J.-A. Dulaure,
du Puy-de-Dôme. (Séance du 26 prairial an VII) (1).**

Citoyens représentans,

Vous êtes déterminés à chercher les points limitatifs
qui peuvent exister entre la liberté et la licence de la

(1) Bibliothèque nationale. Cat. de l'histoire de France. Le 43, n° 3222.

presse ; vous êtes déterminés surtout à faire cesser l'arbitraire dans l'exercice de la faculté de permettre ou de prohiber l'émission publique de la pensée. Je vais, pour y concourir, vous soumettre quelques observations et vous présenter des mesures additionnelles et supplétives au projet de résolution.

La liberté de publier sa pensée par la voie de l'impression ne doit, comme toutes les autres facultés des citoyens d'un État libre, avoir de limites que l'intérêt général.

La difficulté est de poser ces limites au véritable point ; la ligne de démarcation à tracer entre ce que l'intérêt général doit autoriser et ce qu'il doit prohiber est si incertaine ; les nuances entre ce qui est tolérable et ce qui ne l'est pas sont si imperceptibles, qu'il est bien difficile d'assigner le vrai point où doit cesser la tolérance et commencer la prohibition.

La difficulté est encore de s'assurer si ces limites, une fois posées, ne seront point facilement franchies ; les manières d'exprimer une pensée calomnieuse, de la faire entendre, même sans l'exprimer positivement, sont si multipliées qu'il serait impossible et inconvenant à la loi d'en prévoir tous les cas et de les déterminer.

Mais ces difficultés ne doivent point nous arrêter. Le temps et l'expérience résoudront le problème ; en attendant, les circonstances nous commandent une mesure législative, une mesure qui, en même temps qu'elle rassure les citoyens contre les excès des écrivains, vous rende les avantages de la liberté de la presse. Cette liberté, trop arbitrairement contrainte, doit reparaître sans li-

cence et ramener avec elle le jour de la vérité ; il est
temps qu'il luise enfin dans tout son éclat sur les téné-
breuses manœuvres des spoliateurs de la République ; il
est temps d'appeler au tribunal de l'opinion les coupables
que les tribunaux ordinaires ne peuvent atteindre.

Le projet de la Commission attribue aux tribunaux
existans le droit de réprimer la licence de la presse. Ce
moyen répressif est juste, mais est-il suffisant?

Il est des êtres paisibles qui craignent la calomnie,
mais qui craignent autant les procès ; il est des calomnies
qui sont de telle nature qu'elles ne valent pas la peine
d'être dénoncées aux tribunaux ; il est des calomnies tellement méprisables qu'on dédaigneroit de les traduire en
justice. Dans ces cas, il faut un moyen supplétif qui con-
cilie le respect qu'on doit à la liberté de la presse et celui qu'on doit à la réputation et à la sécurité des citoyens.
Je crois avoir trouvé ce moyen ; il sera simple autant que
juste ; loin de porter atteinte au projet de résolution proposé, il le renforcera. Je vais en déduire les motifs.

De tous les individus qui publient leur pensée ou celle
des autres par la voie de l'impression, les rédacteurs des
journaux sont ceux qui peuvent le plus activement abuser
de la liberté de la presse. Ils doivent, sous ce rapport,
fixer particulièrement notre attention.

En effet, chaque journal est une tribune publique ; chaque journaliste est un orateur, entouré d'un nombreux
auditoire qu'il endoctrine journellement d'après ses vues,
ses opinions, d'après ses passions ou son intérêt particulier. Ainsi les lecteurs de journaux, qui composent la

classe instruite des Français, sont dirigés, sinon dans leur
conduite, au moins dans leur opinion, par le rédacteur
du journal auquel ils ont accordé leur confiance. Ainsi
les journalistes ont une influence immense sur l'opinion
publique ; ils peuvent, à leur gré, la former utilement ou
la corrompre ; ils sont, dans le fait, une véritable puis-
sance dans l'État. Et vous vous rappelez, citoyens représentans, qu'avant le 18 fructidor, où l'abus de la liberté
de la presse étoit porté à l'excès, des journalistes, fiers
de la force corruptrice qu'ils exerçoient à la faveur du silence des lois, ne craignirent pas de s'enorgueillir publi-
quement de cette fatale prérogative.

Les journaux peuvent dispenser des réputations, distribuer justement ou injustement la gloire ou le blâme,
créer, fortifier, irriter, soulever les partis. Ils peuvent
causer dans leur patrie de grands biens ou *de* maux in-
calculables : nos ennemis, vous le savez, citoyens représentans, s'en sont trop souvent servi avec succès.

Le moyen supplétif que je propose contiendra dans de
justes bornes, et sans le secours des tribunaux, l'efferves-
cence à laquelle pourront se livrer les rédacteurs de
journaux ou leurs correspondans. Ce moyen consiste à
obliger les journalistes, qui auront inséré dans leur feuille
une attaque contre la réputation d'un ou de plusieurs individus, à y insérer aussi la réponse.

Cette proposition est d'une justice évidente ; elle n'attente en rien à la liberté de la presse ; elle la régularise.

Il est juste que, dans le lieu même où la calomnie a été
produite, se trouve aussi la réponse à cette calomnie.

Il est juste qu'un citoyen puisse se défendre auprès des lecteurs dans l'esprit desquels sa réputation a été ternie. Il est juste que les lecteurs d'un même journal, que ce jury d'opinion publique entendent le pour et le contre.

Il faut que les mêmes journalistes qui ont le courage de publier une dénonciation utile au salut de la patrie, ou qui ont la perfidie de répandre une calomnie désolante pour des individus, s'attendent à voir cette dénonciation soutenue ou combattue, cette calomnie repoussée ; il faut que leur journal soit une arène publique, où l'agresseur et l'attaqué aient une place égale.

Remarquez, citoyens représentans, les avantages résultans de cette obligation où seront les journalistes : elle offrira à tous les citoyens fonctionnaires ou particuliers une garantie suffisante contre la licence de la presse. Ce que l'influence des journaux avoit de plus dangereux sera neutralisé. Les lecteurs de certaines feuilles ne seront plus trompés, séduits et entraînés dans un parti. Imbus des raisons de l'agresseur et de l'attaqué, ils seront transformés en juges de la cause qui leur sera soumise. Le rédacteur d'un journal ne pourra plus diriger l'opinion de ses lecteurs d'après ses propres opinions.

Celui qui, par malice ou légèreté, seroit disposé à faire insérer dans un journal une dénonciation injuste, s'attendant à être combattu, sera retenu dans cette démarche et sera forcé à la circonspection, à la moralité.

Citoyens représentans, je suis convaincu que le défaut de cette mesure a beaucoup contribué à corrompre l'esprit public. Tirons profit des leçons de l'expérience et portons nos regards sur le passé.

Qu'arriva-t-il avant la journée du 18 fructidor, où la liberté de la presse porta un coup si funeste au républicanisme? Une quarantaine de lâches écrivains ou de traîtres vendus à nos plus cruels ennemis vomissoient chaque jour, pour quelque argent, sur les plus purs républicains, le poison de la calomnie et en abreuvoient leurs nombreux et imbéciles lecteurs. Ceux-ci, ne trouvant point dans le même journal qui les dirigeoit d'antidote au poison, de réponse aux faits calomnieux, finissoient par y croire ; ils finissoient par se laisser insensiblement entraîner dans un parti ennemi et par haïr la Révolution, en apprenant à haïr ceux qui l'avoient faite ou la soutenoient.

Les républicains ne pouvant faire accueillir leurs réclamations dans les journaux où ils avoient été calomniés et par conséquent ne pouvant se justifier aux yeux des lecteurs devant lesquels ils avoient été accusés, étoient réduits à publier leur justification dans l'un des trois ou quatre journaux républicains peu répandus, qui seuls subsistoient encore au milieu du débordement contre-révolutionnaire : journaux républicains que ne lisoient pas ordinairement les lecteurs du journal colporteur de la calomnie.

Ainsi le remède étant toujours placé loin du mal, la calomnie restoit sans réponse, les préventions s'établissoient et l'esprit de parti acquéroit une funeste énergie.

Vous avez vu ces maux, citoyens représentans, vous en avez gémi, et vous ne souffrirez pas qu'ils renaissent. La

mesure que je vous propose me semble puissamment y
concourir ; elle n'attaque en rien la liberté de la presse,
elle est de toute justice, elle est rassurante pour tous les
citoyens; de plus elle est d'une exécution sûre et facile.

Voici donc les articles additionnels que je vous propose :

I

Tous propriétaires ou rédacteurs de journaux ou d'ouvrages périodiques, quelle que soit sa dénomination, qui y
auroient inséré un article attentatoire à la réputation d'un
ou plusieurs citoyens, seront tenus d'y insérer la réponse
à cet article, dans les cinq jours qui suivront la réception
de ladite réponse ; sous peine de voir leurs journaux ou
ouvrages périodiques supprimés, et d'être en outre condamnés aux frais d'impression, de timbre et de poste de
trois mille exemplaires de ladite réponse.

II

Les susdits propriétaires ou rédacteurs seront en outre
tenus, sous les mêmes peines, de délivrer à chaque citoyen prétendu calomnié, ou à celui qui le représentera,
un récépissé de la réponse à insérer, dans lequel sera
mentionné le nombre de lignes non raturées de cette réponse, et la date du jour où elle aura été reçue.

Je vous propose de renvoyer ces articles à votre Commission, afin qu'ils soient coordonnés au projet de résolution qu'elle vous a présenté.

Adoptée.

(De l'Imprimerie nationale, prairial an VII).

— 165 —

4° RAPPORT DE M. THÉZARD AU SÉNAT

(Séance du 5 avril 1898)

Rapport fait au nom de la Commission (1) chargée d'examiner la proposition de loi, adoptée par la Chambre des députés, tendant à modifier les articles 13, 45, 55, 56 et 57 de la loi du 29 juillet 1881 sur la presse (2).

(Urgence déclarée).

Messieurs,

Les modifications à la loi sur la liberté de la presse, dont nous avons à faire l'examen, se rattachent à deux points différents, et elles ont même fait à l'origine l'objet de plusieurs propositions distinctes que la Chambre a réunies en une seule. La première a pour objet principal de limiter, quant au temps et à l'étendue, le droit de réponse reconnu à toute personne nommée ou désignée dans un article de journal et en même temps de sanctionner plus énergiquement ce même droit.

I

La première proposition se justifie aisément dans son principe.

Il semble étrange qu'une personne nommée ou désignée

(1) Cette commission est composée de MM. Buvignier, président, Francoz, secrétaire ; Bodinier, Léopold Thézard, Maret, Tillaye, Leporché, Fruchier, Ducoudray.

(2) N° 239 ; Sénat ; session de 1898. — Annexe au procès-verbal de la séance du 5 avril 1898.

dans un journal il y a plusieurs mois ou plusieurs années, et qui sur le moment même n'a pas jugé utile de protester, puisse, sous le coup d'une susceptibilité tardivement éveillée, réclamer l'insertion d'une réponse à des attaques oubliées. Une pareille façon d'agir suppose évidemment un intérêt tout autre que celui de la légitime défense.

Tel est cependant le résultat de la loi actuelle, et on en a vu récemment des applications. Il y a là une lacune à combler.

Le texte voté par la Chambre des députés a imposé au droit de réponse le délai même de la prescription pour les poursuites en matière de presse, celui de trois mois.

L'identification est logique ; dans un cas comme dans l'autre, il s'agit d'une réparation à poursuivre, et le même délai qui éteint la poursuite correctionnelle doit faire disparaître le droit à l'insertion d'une protestation.

Il est un cas pourtant où ce délai peut sembler trop bref à raison de l'impossibilité de répondre en temps utile.

Qu'une personne soit attaquée en France par un journal pendant qu'elle se trouve à l'étranger, dans un pays éloigné, ou dans certaine de nos colonies. Avant que ce journal ne lui parvienne, et que sa réponse n'ait eu le temps matériel de revenir, il pourra s'écouler plus de trois mois. De même, et réciproquement, si cette personne est attaquée dans un journal imprimé aux colonies pendant qu'elle se trouve en France, le délai passera sans qu'elle puisse user du droit de réponse.

Si l'article présente les caractères de la diffamation, l'action correctionnelle sera éteinte ; mais, dans le cas particulier, il semble que ce soit une raison de plus de faire survivre tout au moins le droit de faire publier une rectification.

Dans quelle mesure le délai de réponse devra-t-il être augmenté ? Sans entrer dans le calcul des délais de distance, et dans l'impossibilité de tenir compte de toutes les circonstances qui ont pu retarder plus ou moins la connaissance de l'article, il nous a semblé que la fixation d'un délai de six mois répondrait à toutes les exigences de la situation.

En dehors du principe ainsi admis, le texte proposé soulève encore certaines questions délicates quant à l'étendue et à la sanction du droit de réponse.

La loi de 1881 donne droit à l'insertion gratuite d'une réponse double de l'article répondu ; si elle dépasse cette proportion, le prix de l'insertion sera dû pour le surplus.

La faculté d'obtenir, moyennant paiement, l'insertion d'une réponse d'étendue illimitée a ses inconvénients ; la personne touchée par l'article d'un journal adverse peut arriver à encombrer le journal tout entier, et à certaines époques pendant les périodes électorales notamment, il est possible qu'un homme politique, à la moindre allusion faite à sa personne, fasse du journal qui le combat son organe exclusif. Aussi la proposition de loi, telle qu'elle a été d'abord soumise à la Chambre des députés, a-t-elle limité ce droit d'insertion supplémentaire : dans tous les cas, c'est seulement une réponse double de l'article dont on pourra exiger l'insertion ; plus de supplément possible, même en payant.

Toutefois, un correctif a été admis : l'auteur de la ré-

ponse aura toujours droit à un minimum de cinquante
lignes.

Il est possible, en effet, que la diffamation ou la calomnie
ait été habilement condensée en trois ou quatre lignes ;
n'accorder qu'un chiffre double à la réponse serait la
rendre illusoire.

Mais, sauf ce correctif admis par tout le monde, la limitation établie ne laisse-t-elle pas au droit de réponse une
latitude parfois excessive et qui entraîne à des inconvénients analogues à ceux qu'on a prétendu éviter ?

Une personne nommée incidemment, et souvent d'une
façon inoffensive, dans un long article, aura de ce fait
seul le droit de faire insérer une réponse double de l'article ;
si plusieurs personnes ont été nommées, elles occuperont
le journal tout entier.

Aussi la Chambre a-t-elle accepté un amendement
limitant l'étendue de la réponse permise au double de la
partie de l'article s'appliquant au réclamant.

Une grave objection a été formulée contre cette limitation : n'ouvre-t-elle pas la porte à des contestations infi-
nies sur la détermination exacte de la partie de l'article
qui devra être considérée comme applicable ?

La Commission s'est partagée sur la question ; elle a
maintenu, en conséquence, le texte voté par la Chambre,
mais uniquement à titre de base de discussion.

En même temps qu'elle limite le droit de réponse, quant
à sa durée et quant à son étendue, la proposition le rend
plus efficace, en dispensant du ministère d'huissier et en
organisant une procédure plus rapide en cas de refus

d'insertion, de façon que la rectification puisse toujours être portée à la connaissance du public en temps utile.

Malgré des objections tirées de la possibilité d'encombrement d'un journal par des réponses accumulées au moment opportun, votre Commission a pensé que la légitimité absolue du droit de réponse devait primer toute autre considération, et qu'il y avait lieu de maintenir les dispositions votées par la Chambre.

Sauf quelques détails, elle a donc conclu, en somme, à l'adoption d'un texte à peu près identique.

Modifications au texte :

§ 3. — « Elle sera gratuite, mais chaque réponse ne pourra dépasser le double, etc. »

§ 4 (entièrement nouveau). — « Le temps accordé pour la réponse sera porté à six mois si, au moment de la publication, la personne nommée ou désignée dans un journal publié en France se trouvait à l'étranger ou aux colonies, ou si, réciproquement, elle se trouvait hors de la colonie où l'article a été publié. »

Ce § 4, entièrement nouveau, est intercalé entre les mots : « pourra exiger un minimum de cinquante lignes, » et les mots : « pendant la période électorale. »

§ 5 (anciennement § 4)... — « Il entend fixer *la mise sous presse* de son journal. »

§ 7 (anciennement § 6). — « Le Tribunal pourra décider que le jugement ordonnant l'insertion sera exécutoire sur minute, nonobstant opposition ou appel, mais en ce qui concerne seulement cette insertion. »

Le reste identique.

. . . .

5° OBSERVATIONS PRÉSENTÉES AUX SÉNATEURS PAR L'ASSOCIATION ET SYNDICAT DE LA PRESSE RÉPUBLICAINE DÉPARTEMENTALE DE FRANCE, RELATIVEMENT AU RAPPORT DE M. THÉZARD.

ASSOCIATION ET SYNDICAT
DE LA

PRESSE RÉPUBLICAINE

DÉPARTEMENTALE
DE FRANCE

Siège social :
Rue de la Chaussée-d'Antin, 22
PARIS

OBSERVATIONS

PRÉSENTÉES PAR

L'ASSOCIATION ET SYNDICAT DE LA PRESSE

RÉPUBLICAINE DÉPARTEMENTALE DE FRANCE

relativement à la proposition de loi déposée par M. Thézard.

A Messieurs les Membres du Sénat.

Messieurs les Sénateurs,

L'Assemblée générale de la Presse républicaine départementale s'est tenue le 12 juin à Paris. Elle a examiné la situation que feraient aux journaux les modifications demandées par M. Thézard à l'article 13 de la loi du 29 juillet 1881.

Après délibération elle a décidé de soumettre à l'attention de MM. les Sénateurs les observations suivantes :

La proposition dont M. Flandin avait pris l'initiative à la Chambre des députés s'inspirait d'un sentiment d'équité qui lui assurait, dans son ensemble, l'approbation générale de la presse républicaine.

Cette presse, en effet, qui défend les principes de liberté et de justice, devait pleinement admettre des mesures destinées à faciliter l'exercice du droit de réponse à toute personne dont un journal aurait dénaturé ou travesti les opinions, les paroles ou les actes. Elle devait, de même, se prêter avec empressement à des dispositions permettant aux candidats de relever, dans le délai le plus court et avant le scrutin, les allégations mensongères ou calomnieuses lancées contre eux à la dernière heure.

Les journaux de province qui, dans leur ensemble, apportent tant de franchise et de loyauté à défendre leurs opinions politiques, ne sont donc pas des adversaires du droit de réponse rationnellement compris et exercé. Ils savent que la loi de 1881 a pour but de sauvegarder un intérêt public, et ils ne pensent pas qu'une réglementation plus précise pour le temps de période électorale puisse attenter à leurs droits et à leur dignité.

Mais ils ne pouvaient admettre que la réforme dont on veut faire bénéficier le public devint pour la presse un obstacle insurmontable à son fonctionnement régulier.

La proposition de M. Flandin, telle qu'elle était rédigée, suscitait dans son application stricte des difficultés et des entraves contre lesquelles nous devions énergiquement protester ; c'est ce que nous avons fait, et grâce à l'intervention de M. Lavertujon, député, elle n'a été votée par la Chambre qu'après certaines modifications améliorant la situation qui nous était primitivement faite.

La proposition de loi présentée au Sénat par M. Thézard se rapproche beaucoup, au moins en ce qui concerne le droit de réponse, du texte voté par la Chambre des députés, mais elle contient certaines prescriptions que nous prions le Sénat de vouloir bien modifier.

Ainsi nous lisons :

Art. 13. — « Le gérant sera tenu d'insérer dans les trois jours de sa réception constatée par exploit d'huissier ou par récépissé qui ne pourra être refusé à l'agent des postes ou au porteur, ou dans le plus prochain numéro, s'il n'en était pas publié avant l'expiration des trois jours, les réponses de toute personne nommée ou désignée depuis moins de trois mois dans le journal ou écrit périodique, sous peine d'une amende de 50 à 500 francs, sans préjudice des autres peines et dommages-intérêts auxquels l'article pourrait donner lieu.

Cette insertion devra être faite à la même place et en mêmes caractères que l'article qui l'aura provoquée.

Elle sera gratuite, mais chaque réponse ne pourra pas dépasser le double de la partie de l'article s'appliquant au réclamant, etc. »

Notre première réclamation a trait aux conditions dans lesquelles le réclamant pourra présenter sa réponse.

La nécessité, pour la personne voulant user de son droit de réponse, de supporter les frais d'une signification par huissier est un obstacle et un abus.

Nous admettons parfaitement que la lettre recommandée ou chargée soit substituée à l'exploit d'huissier et ait, à notre égard, la même valeur d'obligation et de contrainte. Mais le législateur va trop loin et commet, à notre avis, une imprudence, lorsqu'il accorde à l'auteur de la lettre de réponse ou à son fondé de pouvoirs le droit de pénétrer dans les bureaux du journal et d'exiger, en échange de son pli, un récépissé qui ne pourrait lui être refusé.

Rien n'autorise une pareille violation de domicile ; toutes sortes de considérations, au contraire, la déconseillent. A quels procédés aura-t-on recours pour obliger le journaliste à délivrer à son adversaire ce récépissé prescrit par la loi ?

Le législateur ne voit-il pas qu'en mettant forcément en présence les parties adverses, au milieu de la surexcitation des périodes électorales, il s'expose à préparer et à provoquer les altercations les plus regrettables entre les candidats et les journalistes ?

Nous demandons en conséquence la suppression des mots : « ou au porteur. »

Nous nous demandons pourquoi l'honorable M. Thézard, substituant le pluriel au singulier, inscrit : « les réponses, » là où la Chambre des députés a dit : « *la réponse.* »

Voudrait-il ouvrir au profit du réclamant le droit à des réponses successives, alors même que le journal n'aurait pas répliqué à la première ? Entendrait-il autoriser ainsi le réclamant à prolonger à son gré, en échelonnant ses ripostes, une polémique que le journal n'aurait continuée lui-même par aucune nouvelle attaque ? Une telle interprétation constituerait une aggravation souverainement injuste de la loi.

C'est pour éviter une équivoque qui ne manquerait pas de se produire que nous demandons le rétablissement des deux mots : « la réponse. »

En conformité de ce qui vient d'être dit, nous demandons également, dans le 3e paragraphe de l'article 13, la suppression des deux mots « chaque réponse. »

Mais il est une modification de la plus haute importance que l'assemblée générale de la presse républicaine départementale est unanime à réclamer de l'esprit équitable et bienveillant du Sénat. Nous demandons que dans la loi le mot de « réponse » ne soit pas isolé, mais que le sens en soit précisé par cette définition : « réponse rectificative. »

Nous avions présenté à ce sujet les mêmes observations à la Chambre des députés ; nous n'avons pas obtenu gain de cause. Si nous en appelons aujourd'hui au Sénat, c'est que notre cause est juste.

Sous le régime actuellement en vigueur, une tierce personne nommée ou désignée incidemment dans un journal peut, sous prétexte de réponse, profiter de l'occasion pour exposer sa doctrine et faire de ce journal la tribune de sa polémique. Peu importe que le texte qu'elle adresse à cette feuille ait un rapport quelconque, si éloigné qu'il soit, avec l'article ou la note qui lui fournit le moyen d'intervenir. Elle est nommée ou désignée, cela suffit ; elle parle de ce qui lui plait et oblige au besoin — on en a vu de fréquents exemples — le journal à reproduire des extraits de discours, de livres ou de brochures qu'il n'avait jamais visés. N'est-ce pas un abus criant ? N'est-ce pas une déformation complète de l'exercice du droit de réponse ?

Nous sommes convaincus de rentrer pleinement dans la pensée du législateur, en insistant pour que les réponses imposées par la loi s'appliquent à la rectification d'un fait inexactement rapporté, d'une opinion, d'une attitude irrégulièrement attribuées. En inscrivant dans la loi les mots « réponse rectificative, » le Sénat remédierait aux abus qui se sont introduits dans l'exercice illimité du droit de réponse et dont tout le monde est quotidiennement témoin. La presse républicaine départementale, en se bornant à demander ces simples modifications au projet de loi pris en considération par le Sénat, s'est inspirée des sentiments les plus élevés de justice et d'équité.

Elle a la conviction d'avoir fait aux particuliers la part la plus large et de leur avoir accordé toutes les facilités compatibles avec les nécessités matérielles et rigoureuses de la composition, du tirage et de l'expédition des journaux.

Si le législateur s'emparait des concessions que la presse a proposées elle-même, sans lui accorder les modifications bien modestes qu'elle réclame, elle aurait à se plaindre de l'aggravation d'une loi déjà suffisamment rigoureuse.

L'assemblée générale espère donc que le Parlement voudra bien tenir compte de ses observations.

Le rapporteur,   *Le président,*

René Guillemot.   Léon Brière.

Vu :   Vu :

Le Doyen,   *Le Président de la thèse,*

Glasson.   A. Weiss.

Vu et permis d'imprimer :

Le Vice-Recteur de l'Académie de Paris,

Gréard.

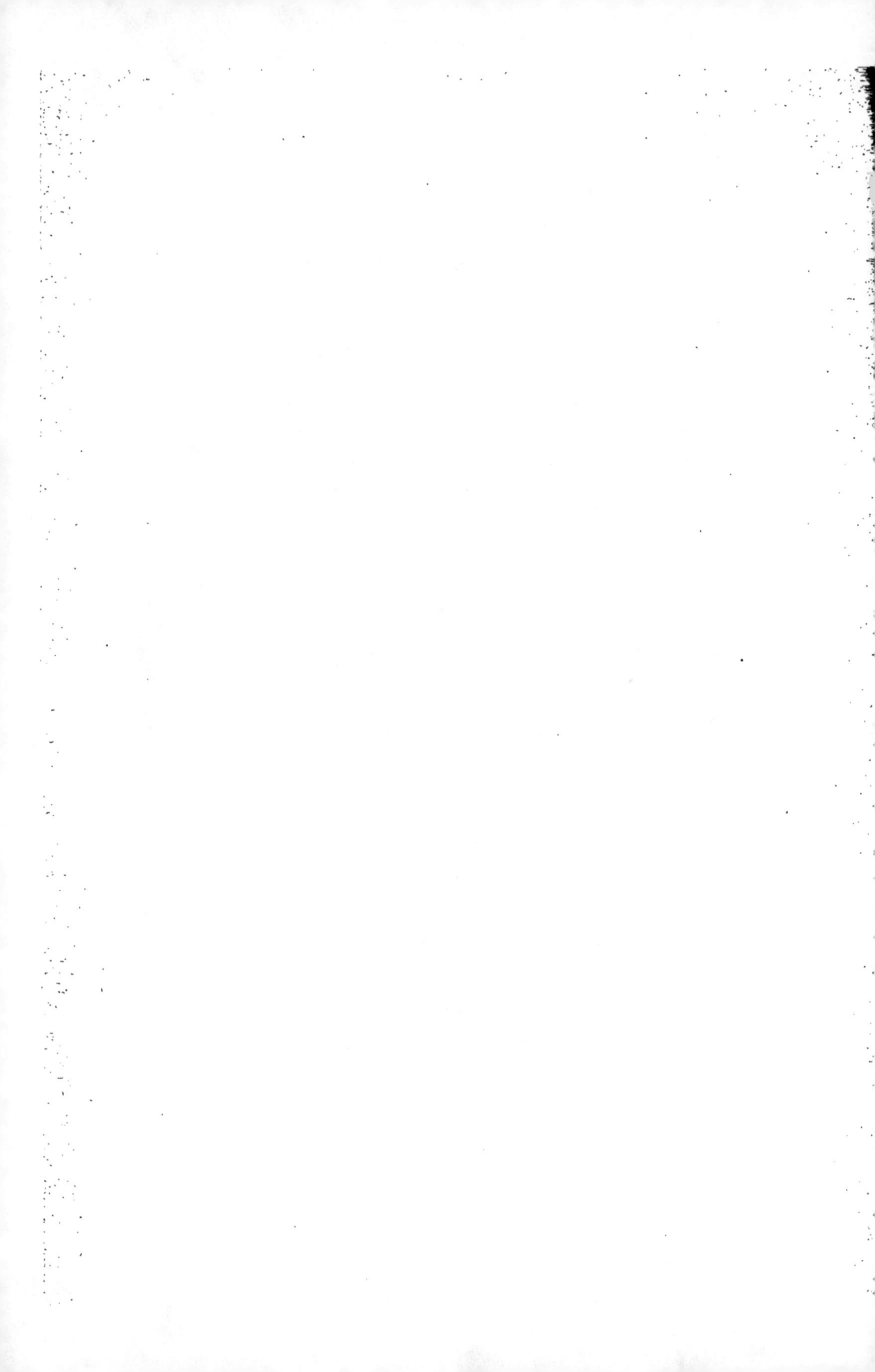

TABLE DES MATIÈRES

CHAPITRE PREMIER

Fondement et nature du droit de réponse.   Pages

Définitions et généralités   5
Comment il s'est introduit dans notre législation. Examen
  historique et analytique de l'évolution de ce droit dans
  la législation française. Complément de la législation dans
  la réglementation détaillée de ce droit par la jurisprudence. Historique   10
Résumé des débats parlementaires qui ont précédé le vote
  de la loi du 25 mars 1822.   18
Interprétation de la loi du 25 mars 1822 par la jurisprudence
  de la Cour de cassation.   25
Résumé des débats parlementaires qui ont précédé le vote
  de la loi du 29 juillet 1881   33
Interprétation de la loi du 29 juillet 1881 par la jurisprudence
  de la Cour de cassation   37

CHAPITRE II

I. — Énumération et qualification.

A. — Des différentes catégories de personnes à qui la loi
  accorde le droit de réponse :
  a). Les fonctionnaires publics à raison des actes de leur
    fonction   44
    1° Communiqués officiels   45
    2° Rectifications proprement dites   47

Des personnes que la loi entend désigner par l'expres-
sion : Dépositaires de l'autorité publique 48
Des conditions requises pour que l'insertion soit
obligatoire 49
Etendue de la rectification. 51
Comment s'apprécie cette étendue 51
Place et caractères de la rectification 51
Délai imparti au gérant pour l'insertion 53
Pénalités 53
Nature de l'infraction 53
Compétence 54
b). Les particuliers. 55
1. Toute personne nommée ou désignée. 56
2. Les dépositaires de l'autorité publique. 56
3. Les héritiers de toute personne nommée ou désignée. 57
4. Les personnes morales. 57
5. Les gérants et journalistes 58
Obligation d'insérer intégralement la réponse. . . . 60
Constatation de la remise de la réponse 60
Délai imparti au gérant pour l'insertion 61
Place et caractères de l'insertion 63
Fixation du prix à payer pour la partie de l'insertion qui
dépasse le double de l'article. 63
Paiement de ce prix. 64
Nature de l'infraction 65
Droit de poursuite du ministère public 65
Compétence 65
Pénalités 66
c). Les héritiers vivants de toute personne nommée ou
désignée dans un journal ou écrit périodique 68
Analyse de l'affaire de Bourmont contre Judet. . . . 69
B. — Des différentes circonstances où il intervient. . . . -76
1. Réponse à un compte rendu de débats judiciaires. . 77
2. Réponse à un compte rendu des séances des
Chambres 77
3. Réponse à une reproduction de documents officiels . 79

4. Réponse à un compte rendu des séances des conseils
généraux et municipaux. 79
5. Réponse aux observations que le journal a pu présenter sur la première réponse (droit de réplique) . . 80
6. Réponse à un article élogieux 81

a). Du droit de réponse en matière de critique littéraire,
théâtrale, artistique ou scientifique 83
Analyse de l'affaire Dubout-Brunetière. 91

II. — **Des restrictions que ne l'empêche pas de comporter son
caractère général et absolu.**

Des conditions de son exercice 105
1. Réponse contraire aux lois ou aux bonnes mœurs. . 113
2. Réponse contraire à l'intérêt des tiers ou à l'honneur
du journaliste 113
3. Réponse inexacte. 115
4. Réponse à une insertion émanant d'une personne
étrangère à la rédaction du journal (annonces) . . . 115
5. Réponse à un document dont l'insertion a été imposée
au journal 116
6. Réponse d'une personne qui a consenti à la publication de l'article où elle est nommée. 117
7. Réponse d'une personne qui n'a pas d'intérêt direct
à répondre 118
8. Réponse fantaisiste ou contenant des développements
absolument étrangers aux faits articulés dans l'article
qui l'a motivée. 119

CHAPITRE III
Le droit de réponse dans les législations étrangères.

A. — En quoi consiste le droit de réponse dans les principales législations étrangères. 121
B. — Insertion de la réponse 121
a). Longueur de la réponse 122

b). Place de la réponse 124

C. — Pénalités 124

    Belgique 124

    Suisse 125

        α Tessin 126

        β Schaffhouse 126

        γ Grisons 126

        δ Berne 127

        ε Vaud 127

    Allemagne 128

    Italie 132

    Espagne 133

    Serbie 134

    Egypte 134

CHAPITRE IV

Modifications susceptibles d'être apportées aux dispositions de la législation française.

1. Utilité de l'insertion dans la loi d'une disposition aux termes de laquelle la réponse doit être insérée sans interpolations ni suppressions 137

2. Utilité de l'insertion dans la loi d'une disposition aux termes de laquelle il est interdit au journal de répliquer, d'une manière directe ou indirecte, dans le numéro où la réponse paraît 138

3. Utilité pour la loi de prévoir un délai de prescription pour l'usage du droit de réponse 139

4. Utilité pour la loi de préciser les circonstances dans lesquelles la teneur même de la réponse est telle qu'elle dégage le gérant de l'obligation de l'insérer 141

5. Extension possible du droit de réponse à la publication des livres 143

6. Adoption d'un texte de loi formel disposant : Il n'y a pas

lieu au droit de réponse en cas de critique littéraire, théâ-
trale, artistique ou scientifique 143
Où en sont les projets de réforme 144
Proposition de loi sur la presse adoptée, sur l'initiative de
M. Flandin, par la Chambre des députés, dans sa séance
du 31 mars 1898. 145
Analyse du rapport présenté au Sénat par M. Thézard, dans
la séance du 5 avril 1898 148
Commentaire des observations présentées au Sénat par
l'Association et Syndicat de la presse républicaine départementale, à la suite de sa réunion en Assemblée générale,
tenue le 12 juin 1898 à Paris, au Grand-Hôtel. 149

ANNEXES

1. Liste des auteurs consultés. 152
2. Textes législatifs 154
3. Intervention de Dulaure à la séance du 24 prairial an VII. 157
   Exposé des motifs de la proposition Dulaure. 158
   Texte des articles additionnels proposés par Dulaure . 164
4. Rapport de M. Thézard au Sénat 165
5. Observations présentées aux sénateurs par l'Association
   et Syndicat de la presse républicaine départementale de
   France, relativement au rapport de M. Thézard 170

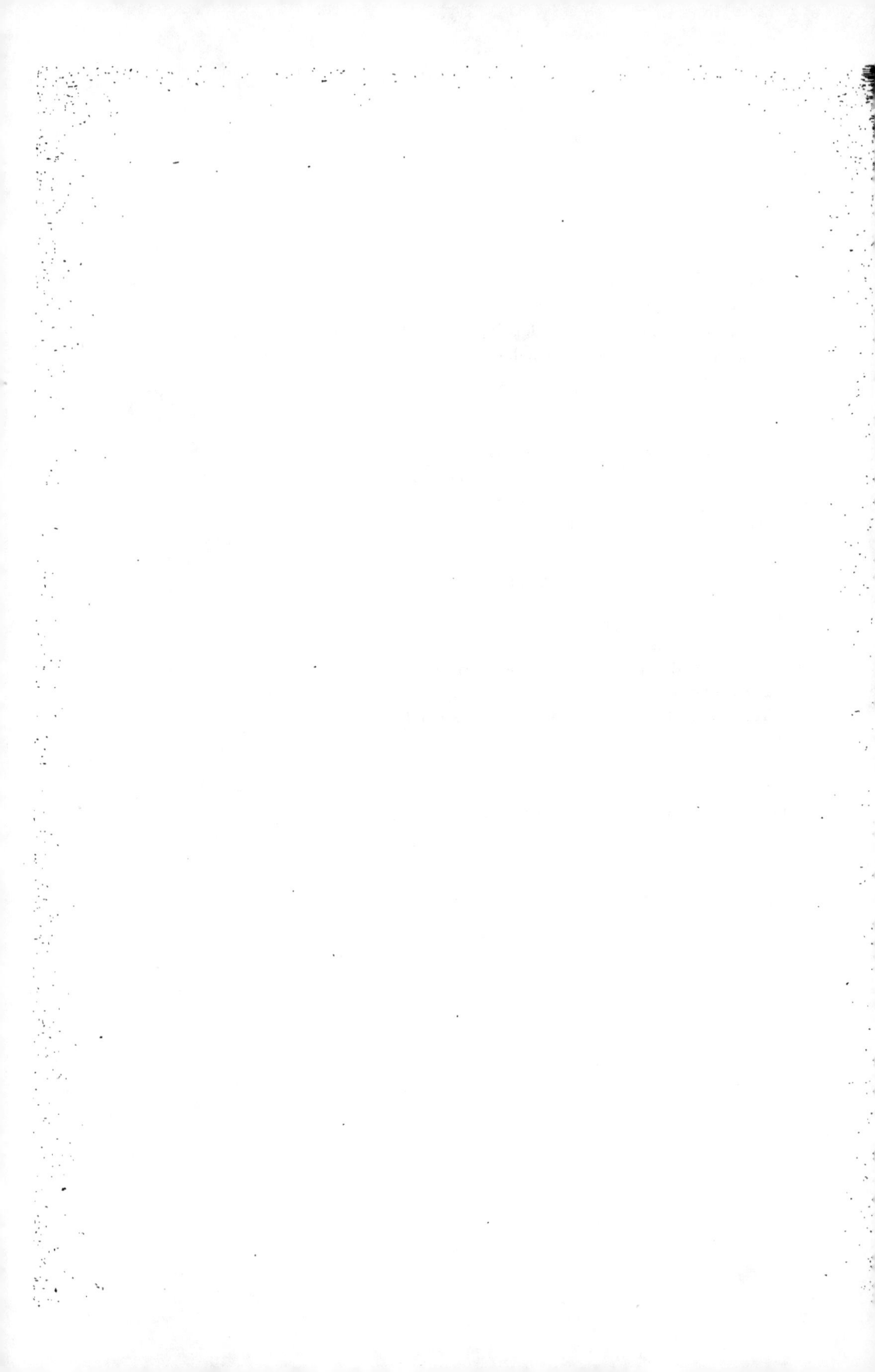

A. PEDONE, IMPRIMEUR-ÉDITEUR, PARIS

www.ingramcontent.com/pod-product-compliance
Lightning Source LLC
Chambersburg PA
CBHW072344200326
41519CB00015B/3658